Münchens vergessene Kellerstadt

Kleine Münchner Geschichten

Herausgegeben von
Thomas Götz

Astrid Assél / Christian Huber

Münchens vergessene Kellerstadt

Biergeschichte aus dem Untergrund

Verlag Friedrich Pustet
Regensburg

»MÜNCHEN WILL GAR NICHT ERÖRTERT, MÜNCHEN WILL GELEBT UND GELIEBT SEIN.« Wer möchte Ernst Heimeran (1902–1955), dem dieses so urmünchnerisch klingende Leitmotiv zugeschrieben wird, ernsthaft widersprechen? Doch vielleicht wird man ihn ergänzen dürfen, ihn, den großen Verleger und Autor, der in Schwabing das Gymnasium besuchte und wie viele als „Zuagroaster" in München Wurzeln schlug: Die Liebe zur ersten oder zweiten Heimat schließt die Kenntnis über sie nicht aus – und umgekehrt.

Die Geschichte einer Stadt ist ebenso unerschöpflich wie die Geschichten, die in ihr spielen. Ihre Gesamtheit macht sie unverwechselbar. Ob dramatische Ereignisse und soziale Konflikte, hohe Kunst oder niederer Alltag, Steingewordenes oder Grüngebliebenes: Stadtgeschichte ist totale Geschichte im regionalen Rahmen – zu der auch das Umland gehört, von dem die Stadt lebt und das von ihr geprägt wird.

München ist vergleichsweise jung, doch die über 850 Jahre Vergangenheit haben nicht nur vor Ort, sondern auch in den Bibliotheken Spuren hinterlassen: Regalmeter über Regalmeter füllen die Erkenntnisse der Spezialisten. Diese dem interessierten Laien im Großraum München fachkundig und gut lesbar zu erschließen, ist das Anliegen der *Kleinen Münchner Geschichten* – wobei *klein* weniger kurz als kurzweilig meint.

So reichen dann auch 140 Seiten, zwei Nachmittage im Park oder Café, ein paar S- oder U-Bahnfahrten für jedes Thema. Nach und nach wird die Reihe die bekannteren Geschichten neu beleuchten und die unbekannteren dem Vergessen entreißen. Sie wird die schönen Seiten der schönsten Millionenstadt Deutschlands ebenso herausstellen wie manch hässliche nicht verschweigen. Auch Großstadt kann Heimat sein – gerade wenn man ihre Geschichte(n) kennt.

DR. THOMAS GÖTZ, *Herausgeber der Buchreihe, lehrt Neuere/Neueste Geschichte an der Universität Regensburg und forscht zu Stadt und Bürgertum in der Neuzeit.*

Inhalt

Einleitung

Am 17. Januar 2014 entging ein argloser Spaziergänger im Münchner Stadtteil Haidhausen nur knapp einer Katastrophe. Der 62-jährige Mann war mit seiner Familie nach einem Abendessen im Hofbräukeller am Wiener Platz auf dem Heimweg. Er ging die Innere Wiener Straße in Richtung Tram-Haltestelle Gasteig entlang. Nach etwa 300 m brach plötzlich der Boden unter ihm weg. Um ein Haar wäre er gut 6 m in die Tiefe gestürzt.

Grund dafür war ein 70 mal 90 cm breiter, aus Ziegeln gemauerter Schacht, der kerzengerade in den Boden führte und dort blind endete. Keinerlei Zu- oder Abführungen waren zu erkennen. Nachdem unser Spaziergänger wie durch ein Wunder vor einem tiefen Sturz bewahrt worden und mit kleinen

Innere Wiener Straße: Einsturzstelle im Gehsteig

Blessuren davon gekommen war, begann das Rätselraten um den Sinn und Zweck dieses Schachtes. Erst in den Folgetagen fand sich eine Erklärung: „Das war früher alles Brauereigelände, fast die ganze Innere Wiener Straße ist unterkellert", erzählte Friedrich Steinberg, der Pächter des nahegelegenen Hofbräukellers. Die hinzugezogenen Sachverständigen des Baureferates und der Lokalbaukommission der Stadt München vermuteten schließlich, dass es sich um einen alten Belüftungsschacht handelte.

Dieses Erlebnis des Spaziergängers in Haidhausen erinnerte uns an ein bereits längst in Vergessenheit geratenes Kapitel der Münchner Stadtgeschichte. Die Bierkeller, die einst nahezu den gesamten Gasteig durchzogen, waren früher unverzichtbar für die Kühlung des Sommerbieres der Münchner Brauereien.

Auf den folgenden Seiten wollen wir diese spannende Episode der „Hauptstadt des Bieres" noch einmal aufrollen und die wenigen bis heute sichtbaren Spuren dieser Braugeschichte in München ans Licht bringen.

Die ersten Münchner Bierkeller

Nicht nur Münchner kennen und lieben sie, die Traditionsgaststätten „Löwenbräukeller", „Augustinerkeller", „Hofbräukeller" und „Salvatorkeller". Bayrische Schmankerl, gemütliche Gaststuben und Münchner Lebensart – alles findet sich geradezu bilderbuchmäßig hier vereint.

Wieso aber eigentlich „Keller"? In diesen Wirtshäusern sitzt man entweder im Sommer unter schattigen Kastanien im Biergarten, erfreut sich an einem Bier in der Schwemme oder genießt im prächtigen Festsaal traditionell-bayerische Höhepunkte wie den Starkbieranstich. Auf den ersten Blick also von Kellern weit und breit keine Spur.

Die Namen leiten sich von den früheren Lagerkellern der Brauereien für ihr Sommerbier ab. Erst viel später entstanden dort auch Gaststätten, die nach den Kellern benannt wurden. Die Entwicklung dieser Bierkeller ist untrennbar mit der speziellen Geschichte des Brauens in München verbunden.

Münchens Bier und seine Brauer

Bis zum Bau der ersten Bierkeller in München hatte das Brauwesen bereits eine lange Vorgeschichte durchlaufen. Schon zu Zeiten der Sumerer und der alten Ägypter war die Herstellung von Getränken aus vergorenem Brotteig bekannt. Im Römischen Imperium gab es die „Cervisia", die nach Ceres, der Göttin der Feldfrüchte, benannt war. In Germanien hat sich das Bierbrauen ungefähr 1500 Jahre vor Christus entwickelt. Die Germanen hatten damals schon erkannt, dass es ausreichte, das gekeimte und anschließend getrocknete Getreide anstatt eines Brotteiges vergären zu lassen. Auch die Technik des Biersiedens scheint ihnen schon bekannt gewesen zu sein.

Nach dem Zusammenbruch des Römischen Reiches gelangte das Wissen über die Kunst des Bierbrauens von Germanien nach Bayern und wurde dort bis ins Hochmittelalter weiterentwickelt. In diese Zeit fällt die Stadtgründung Münchens im Jahr 1158. Auch wenn schriftliche Quellen aus jener Phase fehlen, können wir ein allgemeines, also für jedermann geltendes Hausbraurecht annehmen. Das Bierbrauen war Teil der Hausfrauenarbeit, genauso wie das Brotbacken. Selbst Kinder tranken damals schon Bier, das allerdings im Vergleich zu heute deutlich alkoholärmer war. Vor allem war es durch den Brauvorgang, also das Sieden und anschließende Vergären, wesentlich weniger mit Keimen belastet als das Trinkwasser im damaligen München. Die Ära des Hausbrauens währte allerdings nicht allzu lange. Spätestens Ende des 13. Jahrhunderts wurde das Braurecht von Herzog Ludwig II. „dem Strengen" nur noch als Lehen exklusiv an eine kleine Schicht vermögender Patrizier vergeben. Diese waren im „Bräuamt" *(officium praxationis)* zusammengeschlossen.

Bräuamt

Das *officium praxationis* war die Standesvertretung der mittelalterlichen Brauer in München. Im Gegensatz zu den übrigen Handwerkern waren die Bierproduzenten im Mittelalter also nicht als Zunft (diese Bezeichnung taucht erst im 17. Jahrhundert auf) organisiert, sondern in der Form des Bräuamtes direkt dem Herzog Rechenschaft schuldig. Sie wurden durch gewählte „Vierer" nach außen gegenüber Stadtrat und Herzog vertreten. Als Gegenleistung für die Belehnung mit dem Braurecht war das Bräuamt als Gesamtorganisation verpflichtet, dem Herzog jährlich eine Abgabe in Höhe von 50 Pfund Münchner Pfennige zu leisten. Dieser Einnahmeposten wurde erstmals 1280 im sog. Urbar, einem Verzeichnis der Besitzrechte des Herzogs und der ihm geschuldeten Leistungen seiner Untertanen, aufgeführt. Hinzu kamen noch Wachslieferungen für das Fest Mariä Reinigung sowie Abgaben an den Viztum und den Stadtrichter. Außerdem musste das Bräuamt jährlich 32,5 Scheffel (7221,5 Liter) Malz an den Hof abführen.

Die 21 Stadtadeligen, die sich zu ihren sonstigen Privilegien nun also auch das Recht des Brauens gesichert hatten, ließen das Bier in mehreren Bräustadeln von angestellten „Prewmaistern" brauen. Hauptberuflich gingen die mit dem Braurecht belehnten Bürger aber anderen Geschäften nach; die meisten dieser Patrizier waren Händler und Kaufleute.

Der Bierpreis („Biersatz") wurde von der Obrigkeit verbindlich festgesetzt. In der nachfolgenden Zeit stiegen aber die Preise für die Rohstoffe, wie zum Beispiel die Braugerste, wegen Missernten drastisch an, ohne dass der Bierpreis erhöht wurde. Dadurch versprach das Brauen bald keine ausreichenden Gewinne mehr. Nach und nach wurden deshalb die Braustätten von den Patriziern wieder stillgelegt und die Abgaben ans Bräuamt eingestellt. Damit brachen auch die Einnahmen des Herzogs weg. Die Bevölkerung Münchens hatte sich parallel hierzu innerhalb von nur 75 Jahren auf 10 000 Einwohner verdoppelt. Um den damit stetig steigenden Bierbedarf zu decken, begannen die Münchner – nun allerdings illegal – erneut, selbst daheim zu brauen.

Diese frühe Krise im Brauwesen veranlasste Herzog Stephan II. „mit der Hafte" zu einer grundlegenden Braureform. Zusammen mit seinen Söhnen Friedrich, Johann und Stephan erließ er 1372 eine neue Brauverfassung, nach der fortan unverändert über mehr als vier Jahrhunderte gebraut werden sollte. „Jeder, den es gelüstet", durfte von nun an Bier brauen. Allerdings war die Berechtigung hierzu weiterhin von der Belehnung durch den Herzog abhängig, die sich dieser gut bezahlen ließ. Für die Verleihung des Braurechts selbst waren fünf Gulden an ihn sowie ein weiterer Gulden an den Viztum zu entrichten. Diesem Kanzler, der den Landesherrn in München als Statthalter vertrat, unterstand auch das Brauwesen. Das Braulehen konnte dabei weder vererbt noch veräußert werden, das heißt: Die Nachfolger eines Brauberechtigten mussten es immer wieder neu beantragen – und bezahlen. Außerdem war das Bräuamt weiterhin verpflichtet, jährlich die bereits früher vereinbarte Abgabe von 50 Pfund Pfennigen an den Herzog zu entrichten, von nun an unabhängig von der Zahl der tatsächlich brauenden Betriebe.

Diese dauerhafte Festschreibung der Abgabe war kein freundliches Entgegenkommen des Herzogs in dem Sinne, dass er sich bei einer Vermehrung der Braustätten mit einer dennoch gleichbleibenden Summe begnügen würde. Vielmehr baute er damit dem Umstand vor, dass im Falle eines erneuten Rückgangs der aktiven Brauereien weiterhin eine konstante Einnahme für den Hof erhalten bliebe. Denn anfangs lief das neue Brauwesen nur schleppend an. Die Brauer, die im Gegensatz zu den früheren angestellten „Prewmaistern" jetzt „Prewen" genannt wurden, waren anfangs Quereinsteiger. Sie hatten zuvor gänzlich andere Berufe wie zum Beispiel das Schneiderhandwerk ausgeübt und wollten ihr Glück nun einmal mit dem Brauen versuchen. Parallel aber bildete sich eine Aufsteigerschicht heraus: Ehemalige Bräuknechte dienten sich zunächst zu „Zuschenken" hoch, die das Bier in der Gaststätte eines Brauers ausschenkten. Anschließend übernahmen sie dann eine eigene Brauerei.

Nur wenige Neugründungen sind in dieser Frühzeit dokumentiert; zu ihnen zählt der 1397 gegründete Spatenbräu. Aber auch diese Gründung fand erst 25 Jahre nach der Braureform statt. Es kam eben anfänglich keineswegs zu einem „Run" auf das Braugewerbe. Im Jahr 1400 gab es nur elf, 50 Jahre später gerade einmal 16 Brauereien. Die ersten Prewen arbeiteten unter schwierigen wirtschaftlichen Bedingungen. Oft musste der Braubetrieb zeitweilig wieder eingestellt werden, weil auf Grund von Missernten nicht genug Getreide für das Brauen zur Verfügung stand. In solchen Zeiten nutzten die Brauer das mit dem Braurecht verbundene Bewirtungs- und Beherbergungsrecht und führten die Brauereien als Gaststätte weiter.

Das Braurecht war schon seit der Zeit des Patrizierbrauens auf dem jeweiligen Grundstück radiziert, also dort verwurzelt, wo es ausgeübt wurde (lat. radix = Wurzel). Eine willkürliche Vermehrung von Braustätten war dadurch nicht möglich. Nur wer das Lehen erhalten hatte und den Besitz einer Braustätte nachweisen konnte, durfte das Brauhandwerk ausüben. Starb ein Prew, so konnte die Witwe oder Tochter die Brauerei aber dann auch an andere Brauer verpachten.

In der Anfangsphase der Münchner Braugeschichte muss die Qualität des Bieres katastrophal gewesen sein. Das Hauptproblem für die Brauer war die geringe Haltbarkeit von Bier, weshalb dem Sud bereits von vornherein alle möglichen Dinge beigemischt wurden – von aromatischen Kräutern über unappetitliche Zutaten wie Ochsengalle, Pech und Asche bis hin zu hochtoxischen Halluzinogenen wie Tollkirsche und Bilsenkraut.

Bilsenkraut

Die Samen des schwarzen Bilsenkrautes *(Hyoscyamus niger)*, auch „Hexenkraut" genannt, sind hochgiftig. Sie enthalten Alkaloide wie Atropin und Scopolamin, die zu Atemlähmung führen können. Im Mittelalter war die Pflanze jedoch wegen ihrer halluzinogenen Wirkung geschätzt und wurde zur Verstärkung der Rauschwirkung beim Biersieden benutzt. Da die berauschende und die toxische Dosis sehr nahe beieinander liegen, kam es durch die Verwendung der Samen immer wieder zu Todesfällen nach Bierkonsum.

Die Herzöge waren deshalb bemüht, durch diverse Verordnungen die Qualität des Bieres zu verbessern. Davon ist das 1487 von Herzog Albrecht IV. „dem Weisen" erlassene „Münchner Reinheitsgebot" sicherlich das bekannteste und darf den Titel des ältesten, weil bis heute gültigen Verbraucherschutzgesetztes der Welt für sich in Anspruch nehmen. Es schrieb den ausschließlichen Gebrauch von Gerste, Hopfen und Wasser zum Brauen vor: Bier soll „... auch aus nichts anderem, denn hopfen gersten und wasser gesotten werden und nicht vorher ausgeschenkt werden, bevor es geschaut und gesetzt ist."

Die hierin nicht erwähnte Hefe (das „Bierzeug"), die für die Gärung zuständig ist, wurde nicht als Zutat angesehen, da sie nach dem Sud immer wieder weiter verwendet werden konnte. Das Reinheitsgebot hatte zunächst nur in der Stadt München Gültigkeit, erst nach der Wiedervereinigung Bayerns wurde es 1516 auf dem Landtag in Ingolstadt auf das gesamte Herzogtum übertragen. Seit 1919 galt es auch im Rest von Deutschland. Bayern hatte sich die Übernahme des Reinheitsgebotes ins

Reichsbiersteuergesetz als eine Voraussetzung zum Beitritt zur Weimarer Republik ausbedungen.

Im sog. „langen" 16. Jahrhundert wuchs München auf 20 000 Einwohner an. Dieser rasche Bevölkerungszuwachs bedingte eine immer weiter steigende Nachfrage nach Bier, die wiederum eine flexible Auslegung des Grundsatzes erforderte, dass eigentlich nur in den von alters her belehnten Brauereien Bier erzeugt werden durfte. Da der Ausstoß pro Brauerei mit den damaligen technischen Möglichkeiten kaum gesteigert werden konnte, musste zur Deckung des Bedarfs die Zahl der Betriebe erhöht werden. Nun setzte ein wahrer Gründungsboom ein. Durch die Zulassung immer weiterer Brauereien wurde schließlich im Jahr 1600 die höchste Zahl an Braustätten erreicht, die München jemals hatte: Insgesamt 80 Betriebe, darunter die Klosterbrauereien der Franziskaner, Klarissen, Karmeliter, Jesuiten und Augustiner sowie das Heilig-Geist-Spital und das Hofbräuhaus versorgten die Einwohner mit Bier. Auf je 250 Einwohner kam also eine Brauerei.

Der zunehmende Bierkonsum ließ nun die Anforderungen an die Qualität sowohl des Produkts als auch der Produzenten steigen. Erst jetzt wurde für die zukünftigen Brauer eine dreijährige Lehre vorgeschrieben, später auch eine zusätzliche Wanderschaft. Damit war die Aufnahme des Brauhandwerks für Ungelernte nicht mehr möglich. Langsam, aber stetig verbesserte sich die Qualität des Bieres, wobei das Reinheitsgebot zusätzlich schon damals für eine Sonderstellung des Münchner Bieres und eine Art frühzeitige Markenbildung sorgte.

Neben dem normalen „Braunbier", das von den Münchner Brauereien erzeugt wurde, gab es zwei Spezialbiere, die nur im Auftrag der Wittelsbacher Landesherren gebraut werden durften. Einerseits das „Ainpöckisch Bier", von den Münchnern kurz „Bockbier" genannt, das saisonal im Frühjahr mit höherem Stammwürze- und Alkoholgehalt gebraut wurde. Daneben das ganzjährig vom Hofbräu produzierte Weißbier, das seit 1602 unter dem späteren Kurfürsten Maximilian I. im Gegensatz zum Braunbier obergärig aus Weizen hergestellt wurde. Die Produktion dieser beiden Biersorten war bis ins 19. Jahrhundert ein ausdrückliches Privileg des Hofes. Vor allem das Weißbiermonopol stellte für die bürgerlichen Brauer eine deutlich spürbare Konkurrenz dar, weil alle Brauer und Gastwirte per Gesetz verpflichtet waren, neben ihrem eigenen Bier auch das Weißbier des Kurfürsten auszuschenken. Andererseits aber legten die Staatsbetriebe einen Qualitätsmaßstab vor, an dem sich die übrigen bürgerlichen Brauereien wohl oder übel messen lassen mussten. Dadurch erfuhr das Münchner Bier einen weiteren Aufschwung bezüglich Güte und Anerkennung im ganzen Deutschen Reich.

Mit dem Dreißigjährigen Krieg kam ein herber Einschnitt für die Stadt, das umliegende Land und auch für das gerade aufblühende Münchner Brauwesen. Die Stadt wurde mehrfach durch die Unterbringung von Truppen belastet, wobei sich freundliche und feindliche Soldaten in punkto Schäden in nichts nachstanden. Die vollständige Zerstörung Münchens durch die Schweden konnte zwar abgewendet werden, die stattdessen zu begleichenden hohen Lösegeldzahlungen aber führten zu einem wirtschaftlichen Niedergang. Schließlich wütete über ein halbes Jahr lang auch noch die Pest in München. Die Bevölkerung sowie die Zahl der Brauer waren am Ende des Krieges etwa um ein Drittel zurückgegangen. Nur sehr langsam erholte sich die Stadt nach dem Krieg, die Bevölkerung wuchs dann wieder und mit ihr die Nachfrage nach Bier. Im Gegensatz zum Mittelalter konnte diese aber nun nicht mehr durch eine Ausweitung der verbliebenen 54 Brauereien gedeckt werden. Die starre behördliche Reglementierung des Alltags in der Barockzeit zog sich nämlich wieder ganz auf den ursprünglichen Gedanken des radizierten Braugewerbes zurück, so dass die Anzahl der Braubetriebe jetzt als für „alle Zeit unveränderlich“ festgeschrieben wurde.

Dem Anstieg des Bierbedarfs konnte daher nur durch einen erhöhten Ausstoß der einzelnen Brauereien begegnet werden. Hier trennte sich bei den Prewen bereits früh die Spreu vom Weizen: Einige wenige tatkräftige Brauer begannen, innerhalb der starren Grenzen, die ihnen die behördlichen Vorschriften hinsichtlich Gesellenzahl, Größe der Sudpfanne, maximale Malzmenge etc. auferlegten, ihre Betriebe auszubauen. Sie schafften langfristig den Sprung vom kleinen Handwerksbetrieb zur Großbrauerei, während die Großzahl der Brauereien im mittelalterlichen Trott verhaftet blieb.

Das Sommersudverbot

Die Münchner Brauereien hatten seit den Anfängen des Brauens stets mit einem großen Problem zu kämpfen: Bier verdarb sehr schnell, vor allem im Sommer bei höheren Temperaturen. Um diesem Problem zu begegnen, setzte sich in München Ende des 15. Jahrhunderts die untergärige Brauweise weitgehend durch. Dieses Verfahren stammte ursprünglich aus der Oberpfalz und sickerte ab 1485 nach Bayern ein.

Hefe

Brauhefe, *Saccharomyces cerevisiae*, ist ein einzelliger Pilz, der sich durch Sprossung (Teilung) vermehrt. Schon immer wussten Brauer und Bäcker zwei Arten der Hefe zu unterscheiden, nämlich ober- und untergärige Hefe. Obergärige Hefe bildet bei der Teilung feste Verbände aus Mutter- und Tochterzellen, unter denen sich kleine Gasbläschen beim Gären ansammeln. Dadurch steigt sie beim Brauvorgang an die Oberfläche. Sie kann höhere Temperaturen vertragen und findet deshalb auch vorzugsweise Verwendung beim Backen (Temperaturanstieg bei der Teiggärung). Bei untergäriger Hefe, dem „Unterzeug", trennen sich die Zellen hingegen nach der Teilung und sinken innerhalb von fünf bis sechs Tagen auf den Boden des Gärbottichs. Dieses Absacken der Hefe wird auch als „Bruchbildung" bezeichnet. Gleichzeitig zeigt es den Zeitpunkt an, das Jungbier zur Nachgärung in die Lagerfässer zu füllen. Für untergärige Hefen sind niedrige Temperaturen von maximal 9° C zur Gärung notwendig.

Die untergärige Hefe galt früher in weiten Teilen Deutschlands als nicht geeignet für das Brauen, da man sie als unrein und trübbildend ansah. Man war sogar vielerorts der festen Überzeugung, dass untergärig hergestelltes Bier die Gesundheit schädigen würde. Außerhalb Bayerns blieb deshalb die obergärige Brauweise mindestens bis zur Mitte des 19. Jahrhunderts die weiter verbreitete Methode.

Untergäriges Bier war deutlich länger haltbar als obergäriges, musste aber in der kalten Jahreszeit produziert werden. In den Sommermonaten konnte wegen der warmen Temperaturen kein untergäriges Bier mehr gebraut werden, weshalb behördlicherseits schließlich ein vollkommenes Sommersudverbot ausgesprochen wurde. Ein weiterer Grund, das Bierbrauen über den Sommer zu verbieten, war sicherlich die erhöhte Brandgefahr beim Biersieden während der heißen Jahreszeit. Im Bayrischen Reinheitsgebot von 1516 wurde zum Bierbrauen die Zeit zwischen Michaeli (29. September) und Georgi (23. April) festgelegt. Gleichzeitig wurden die Brauer verpflichtet, vor Beginn des Sommersudverbotes ausreichend Bier für die kommenden heißen Monate herzustellen. Das untergärige Bier wurde bei den noch kühlen Temperaturen im März gebraut. Dieses „Märzenbier" musste deutlich stärker eingesotten werden, um die nötige Haltbarkeit zu ermöglichen. Es war damit gegenüber dem einfachen Winterbier das gehaltvollere, bessere Bier, weshalb es zum doppelten Preis verkauft werden durfte. Bis Ende April war es vergoren und konnte anschließend den Sommer über bis zum Beginn der nächsten Brauperiode eingelagert werden. Um ein unerlaubtes Brauen während des Sommers zu unterbinden, wurden die Sudpfannen von der Obrigkeit versiegelt.

Die Schwierigkeit für die Münchner Brauer bestand nun darin, das Märzenbier den Sommer über ausreichend kühl zu halten. Die Brauereien lagen damals noch alle innerhalb der Stadtmauern, also im Bereich der heutigen Innenstadt. Der Grundwasserspiegel war hier aber sehr hoch, weshalb die Keller unter den Brauereigebäuden nur wenige Meter tief in die Erde gegraben werden konnten. Dadurch erwärmten sie sich rasch im Sommer auf neun bis zehn Grad Celsius und waren für die Bierlagerung damit nur schlecht geeignet. Dies hatte zur Folge, dass am Ende des Sommers das eingelagerte Bier meist schlecht geworden war und Bier aus den umliegenden Gemeinden wie Dachau, Schleißheim, Pfaffenhofen, Grafing, Ebersberg oder Holzkirchen „importiert" werden musste. Das mit Abstand meiste Bier wurde jedoch aus Tölz angekauft. Die damals 22 Brauer in dem flussaufwärts gelegenen kleinen Ort nutzten die Notlage ihrer Münchner Kollegen weidlich aus. Sie hatten den

Vorteil, sich zur Kühlung ihres Bieres natürlicher Tuffsteinhöhlen bedienen zu können: „... diese haben eine gleichförmige niedere Temperatur und große Trockenheit, wovon man den physikalischen Grund noch nicht genau kennt", schrieb 1843 der an der Münchner Baugewerkschule lehrende Carl Wilhelm Dempp.

Zudem konnten die Tölzer ihr Bier auf der eiskalten Isar innerhalb weniger Stunden nach München liefern. Im Laufe des Jahres 1782 etwa kamen 109 Flöße von der „Bieramme" Tölz mit 8730 Eimern Bier in München an, was etwa 5600 Hektolitern entsprach. Die Münchner Brauer sotten im gleichen Jahr insgesamt ca. 40 000 Eimer. Das Tölzer Bier durfte trotz des langen Transportweges nicht teurer als das Münchner Bier verkauft werden, was die Konsumenten natürlich freute. Für die Münchner Brauer verschärfte sich die wirtschaftliche Situation durch die unliebsame auswärtige Konkurrenz erheblich.

Verlegung der Bierkeller

Um sich aus ihrer Abhängigkeit von den Bierimporten zu befreien, begannen die Münchner Brauer im 18. Jahrhundert, sich nach neuen, besseren Lagerstätten umzusehen. Am 28. Januar 1728 ist in der Stadtchronik erstmals der Plan dokumentiert, einen Bierkeller außerhalb der Stadtmauern zu errichten. Der Brauer Bernhardt Rüdt hatte diesen Keller auf einer Anhöhe an der Pasinger Straße, der heutigen Landsberger Straße beantragt. Offensichtlich wurde dieses Gesuch vom Stadtrat damals noch negativ beschieden. Man beauftragte aber die Stadtkammer, die Sachlage zu prüfen.

In der Umgebung von München kamen für die zur Bierlagerung notwendigen tieferen Keller generell nur zwei Gebiete in Frage. Zum einen die relativ sanfte Anhöhe im Westen der Stadt, die dem ehemaligen linken Ufer der Ur-Isar entspricht und von Süden kommend heute erst zur Theresien-, dann zur Schwanthalerhöhe wird und hinter dem Stiglmaierplatz nach Norden ausläuft. Und auf der rechten Isarseite das steil aufragende Ostufer, der „gache" (bayrisch für: steil) Steig, der

„Gasteig“, sowie der südlich angrenzende Lilienberg. „Die Bierkeller Münchens liegen hauptsächlich im Osten oder Westen der Stadt, wo die alten, erhöhten Isarufer sich hinziehen und für große Lagerkeller das denkbar günstigste Terrain abgeben.“

Die Güte, die Größe und die Anzahl der Keller wurden rasch zum wichtigsten Faktor für den wirtschaftlichen Erfolg einer Brauerei. Denn ohne geeignete Lagermöglichkeiten brauchte ein Brauer gar nicht erst zu versuchen, den Ausstoß seiner Brauerei zu steigern. Nur wer über ausreichenden und wirklich guten Lagerplatz für sein Bier verfügte, konnte auf einen überdurchschnittlichen Ertrag hoffen. Entsprechend zogen auch die Preise für die Keller an, die häufig ihre Besitzer wechselten. Der Spatenbräu Gabriel Sedlmayr der Ältere konnte sich beispielsweise am Anfang seiner Karriere nur den damals kleinsten Keller am Gasteigberg leisten. Josef Gaigl, der Stubenvollbräu, verkaufte ihm diesen für die stattliche Summe von 7000 Gulden. Auch die Stadt München wusste sich an diesem Boom zu bereichern: Es wurde eine „Kellersteuer“ für die Nutzung von Lagerkellern eingeführt und im Laufe der Jahre zum Teil drastisch erhöht, so zum Beispiel 1828 für den Arzbergerkeller von fünf auf 117 Gulden jährlich.

Auch wenn die neuen Sommerkeller durch ihre Lage tief unter dem Erdboden besser gegen die Wärme isoliert waren, mussten dennoch strenge Regeln eingehalten werden, um ein Eindringen der warmen Sommerluft in die Keller so weit als möglich zu verhindern. Die von Amts wegen vorgeschriebene alljährliche Nachschau des Sommerbiervorrates in den Lagerkellern wurde beispielsweise im Jahr 1812 wie folgt geregelt: „Nur bis zum 30. April und auch da nur in der Zeit von 6–8 Uhr morgens und 5–8 Uhr abends zugelassen, um den Zutritt von warmer Luft in die noch nicht durch Eis gekühlten Keller möglichst hintanzuhalten“.

Erwähnt sei, dass zum Teil auch das Winterbier in speziellen Kellern, die sich allerdings wieder innerhalb der Stadt befanden, eingelagert wurde, so zum Beispiel im „Herzog-Max-Keller“. Dieser befand sich an Stelle der späteren Synagoge, die dann von den Nazis zu Gunsten eines Parkplatzes zerstört wurde. Der Keller hatte im Jahr 1792 vier Abteilungen: den „großen Keller", den „Ballhaus-", den „Forterer-" sowie den „Pock-"Keller mit Fassungsraum für insgesamt 207 Lagerfässer. Solche Keller ausschließlich für Winterbier hieß man später Schenkkeller.

Bierlose und Regulativ

Die Münchner Obrigkeit fühlte sich nach dem Dreißigjährigen Krieg verpflichtet, den Ausschank des Sommerbieres zu regulieren, um die Versorgung der Bevölkerung mit Bier während des gesamten Sommers zu gewährleisten. Andererseits sollten auch die Brauer mit schlechteren Lagerkellern vor einer übermächtigen Konkurrenz geschützt werden. Deshalb wurden die sog. „Märzenbierlose" eingeführt, mit denen der Verkauf aus den Lagerkellern geregelt wurde. Die Reihenfolge, nach der die Brauer ihre Keller öffnen und daraus Bier verkaufen durften, wurde bei einer Innungssitzung per Los bestimmt. Laut Fritz Sedlmayr, Aufsichtsratsvorsitzender der Spatenbrauerei, „wurde die Reihenfolge im Baysein der von einem hochedel und wohlweisen Stadtrathe großgünstig deputierten Herrn Handwerks-Kommissarien" ausgelost. Dabei mussten die einzelnen Brauer zunächst vor der Ziehung angeben, wie viel Bier sie für den Sommer gebraut und eingelagert hatten. Die Biermenge wurde fassweise angegeben, wobei ein Fass 25 Eimern à 64 Liter, also 16 Hektolitern, entsprach. Die Liste mit diesen Sudmengen wurde der Obrigkeit zur Ratifizierung vorgelegt und mit Beginn des Sommersudverbots veröffentlicht. Je zwei Brauer, einer für Petri, einer für Mariä Pfarr (also für Süd- und Nordhälfte der Stadt), wurden dann ausgelost und durften ihr zuvor angegebenes Kontingent verkaufen. Sie waren an einem kupfernen Kranz zu erkennen, der vor der Brauereitür aufgehängt wurde. Jeder der Kränze wog ca. 25 Pfund und war Eigentum der Brauereiinnung. Sobald die Bierkontingente der beiden ausgelosten Brauereien verkauft waren, kamen die nächsten beiden an die Reihe.

Die Zeit des Sommersudverbotes war zunächst nach dem Kirchenjahr in drei Perioden, „erster bis dritter Satz" (oder Los), eingeteilt: von Georgi (23. April) bis zum Ulrichstag (4. Juli), dann bis zu Bartholomäi (24. August) und schließlich bis Michaeli (29. September). Danach begann die neue Brausaison. Später wurde die Zeit des sommerlichen Sudverbotes nur noch vom Jacobitag (25. Juli) in zwei Hälften unterteilt. Die Brauereien mussten sich genau überlegen, für welches Los sie welche Menge ihrer Biervorräte verkaufen wollten. Die kleineren Brauereien waren darauf angewiesen, ihre gesamten Vorräte bereits im ersten Los abzugeben, während sich die Brauereien mit besseren Lagermöglichkeiten beim ersten Los meist enthielten. Daher trafen auf den einzelnen Brauer im ersten Los nie mehr als 15 Fass, was ungefähr einem fünftägigen Ausschank entsprach.

Nur die Brauereien, die auch über entsprechend gute Keller verfügten, konnten es wagen, bei der Ziehung des dritten Märzenbierloses auf den Verkauf eines größeren Kontingentes Bier zu setzen, während die Brauereien mit kleineren Kellern dann bereits nichts mehr anbieten konnten.

Am 19. Januar 1784 wurde die Reihenfolge des Ausschanks vom Kurfürsten Maximilian III. nochmals zu Gunsten der Brauer mit den großen Kellern am Gasteig präzisiert: Während des ersten Loses durften nur die Keller innerhalb der Stadtmauern geöffnet werden. Im zweiten Los konnten die Brauereien wählen, ob sie in der Stadt oder auf ihren Kellern am Gasteig verkauften. Allerdings mussten die innerstädtischen Keller vor denen am Gasteig geöffnet werden. Für das dritte Los durfte dann nur noch außerhalb der Stadt auf den dortigen Kellern Bier zum Verkauf gebracht werden. Der Kurfürst forderte dabei die Brauer nochmals auf, sofern diese noch keine entsprechenden Lagerkeller hatten, diese unverzüglich zu bauen oder anzumieten. Erst nachdem das Bier aus dem dritten Los aufgebraucht war, durfte auswärtiges Bier wie zum Beispiel aus Tölz nach München eingeführt werden. Um im Sommer eine zu starke Erwärmung der nach dem Los geöffneten Keller zu vermeiden, besagte eine von 1771 stammende Anordnung: „es müssen dasselbe [das Bier] die Wirths Knechte schon allemal Vormittags zwischen sechs und acht Uhr und Nachmittags um fünf Uhr abholen, maßen in diesen Stunden die Hitze nicht gar zu heftig in die Keller dringen kann."

Trotz der eigentlich guten Absichten verschärften die Märzenbierlose aber auf Dauer das Problem der Bierqualität. Im Jahr 1784 wird berichtet: „Aber der Regierung sollte doch auch das Wohl jedes einzelnen gemeinen Mannes, dessen einzige Nahrung oft nur Bier und Brot ist, besser am Herzen liegen. Man nennt Bayern das Bierland, und der gemeine Mann bekommt oft selbst in der Hauptstadt nicht einen guten Tropfen Bier, und muss ein gefärbtes Wasser hinein trinken (schlechter als das natürliche), welches seinen Magen mit Blähungen ausspannt, und ihn, da er sich zu stärken glaubte, entkräftet."

Denn die Brauer, die jeweils nach dem Los an der Reihe waren, schenkten nicht nur selbst ihr Bier in ihren Schänken in der Innenstadt aus. Auch alle übrigen Brauer mussten sich ebenso wie alle anderen Wirte der Stadt für ihre Gaststätten das Bier dort abholen. Dabei war es völlig gleichgültig, ob das Bier noch gut oder schon schlecht geworden war. Natürlich kann man sich vorstellen, dass der Absatz eines bereits verdorbenen Biers äußerst schleppend verlief und dass während dieser Zeit andere, noch gute Biere ebenfalls verdarben. Zwar sollte die Bierqualität von den sog. Bierbeschauern – damals mit die einträglichsten Stellen beim Münchner Stadtmagistrat – überwacht und fallweise schlechtes Bier vernichtet werden. Aber für eine entsprechende Zuwendung seitens der Brauer drückten die Beschauer meist ein Auge zu – so lauteten zumindest die Vorwürfe der Zeitgenossen.

Eine Zäsur im Brauwesen fand mit dem Amtsantritt von Maximilian IV. Joseph aus der Pfalz 1799 statt, der den in München verhassten Kurfürsten Karl Theodor ablöste und später zum ersten König Bayerns wurde. Mit Max IV. begann eine Phase gesetzlicher Neuregelungen, verantwortet von seinem Minister Maximilian Graf von Montgelas. Dieser beendete unter anderem die Beschränkung der Gesellenzahl; erst dadurch konnten sich die Braubetriebe tatsächlich vergrößern und ihre Kapazität erweitern. Auch Lehen, Bierzwang und Zunft wurden abgeschafft, die Brauer wurden von nun an durch den „Verein der Bierbrauer" gegenüber Kurfürst und Stadtrat vertreten. Durch Montgelas wurden 1799 schließlich die längst unsinnig gewordenen Märzenbierlose abgeschafft. Von nun an konnten alle Brauer während des gesamten Sommers das Bier aus ihren Lagerkellern verkaufen.

Das für die Münchner Brauer mit Abstand wichtigste Gesetz in der Ära Montgelas war aber das „Biersatzregulativ", welches die Braulandschaft der Landeshauptstadt nachhaltig verändern sollte. Von 1811 bis 1865 war es in Kraft, eingeführt in bester Absicht, um einen für alle Seiten – Brauer, Staat und Verbraucher – fairen Kompromiss beim Biersatz (Bierpreis) zu finden. Einmalig wurde zu Beginn des Regulativs auf Basis einer Kostenkalkulation der Herstellungspreis für eine Maß Bier errechnet. Dabei wurden sämtliche Fixkosten berücksichtigt, die bei einer durchschnittlich großen Brauerei zur Erzeugung einer Maß Bier anfielen. Dazu zählten die Lohnkosten für die Bräuknechte ebenso wie die Kosten für Feuerholz, Instandhaltung und so fort. Inklusive der dem Brauer zugestandenen „Mannsnahrung", also seinem Gewinn, wurden diese Gesamtaufwendungen auf sechs Pfennige berechnet. Zu diesen Fixkosten kamen dann noch die Steuern, der „Malzaufschlag", hinzu. Dieser belief sich pro Maß auf vier Pfennige, wobei die Stadt München in ihrem Stadtgebiet noch einen Lokalmalzaufschlag von einem Pfennig pro Maß erhob. Den mussten die Zecher zusätzlich bezahlen, so dass der Volksmund ihn folgerichtig als „fünften Bierpfennig" bezeichnete.

Zu diesem Preis von insgesamt zehn beziehungsweise elf Pfennigen wurden dann die saisonal sehr stark schwankenden Kosten für Gerste und Hopfen aufgeschlagen, die je nach Ernteertrag bei ca. 18 bis 20 Pfennigen pro Maß lagen. Die hieraus resultierenden Bierpreise wurden von der Obrigkeit jeweils zu Beginn der Sommer- und Winterbierperiode öffentlich bekannt gegeben. Sie galten als Höchstpreise und durften von den Brauern nicht überschritten werden. Unterbietungen hingegen waren jederzeit möglich. Zudem wurde den Brauern im Regulativ vorgeschrieben, wie viele Eimer Bier sie sommers wie winters jeweils aus einer bestimmten Menge Malz maximal produzieren durften. Dies sollte dazu beitragen, die Qualität des Bieres zu sichern.

Im Lauf der Jahre stiegen die Preise für Holz, Personal und Fuhrwerke enorm an. Da die ursprüngliche Kalkulation trotz dieser drastisch veränderten Rahmenbedingungen nie mehr angepasst wurde, kam es zunehmend zu Missstimmungen. Die Brauer fühlten ihre Kosten nicht ausreichend abgebildet, die Zecher warfen ihnen demgegenüber vor, regelmäßig mehr als die im Regulativ vorgeschriebene Menge Bier pro Scheffel Malz, also ein nicht „pfennigvergeltliches" Bier, zu produzieren. Letztlich gipfelte der aufgestaute Volkszorn in mehreren „Bierkrawallen" (vor allem in den Jahren 1844 und 1848), bei denen zahlreiche Brauereien komplett zerstört wurden. Während des Biersatzregulativs setzte zudem ein steter Konzentrationsprozess unter den Brauereien ein. Nur durch Massenproduktion konnte ein Bräu noch Gewinn machen. 60 Brauereien gab es zu Beginn des Regulativs, dessen Ende erlebten gerade noch 17. Die verbliebenen Brauer stiegen durch den immer größer werdenden Absatz zu den reichsten Münchner Geschäftsleuten, den sog. „Bierbaronen" auf.

Minutoverschleiß

Mit dem Aufkommen der Bierkeller merkten die Münchner Bürger rasch, dass sie sich im Sommer ihr Bier nicht nur in den Gaststätten, sondern auch direkt an der Quelle besorgen konnten. Sie pilgerten deshalb in Scharen auf den Gasteig zu den Lagerkellern der Brauereien. Darunter hatten vor allem die damals noch 16 Wirte in der Au zu leiden. Denn die Au, die vorwiegend das Quartier der einfachen Leute und Tagelöhner darstellte, lag direkt am Fuße des Gasteigs und des Lilienberges, also in unmittelbarer Nachbarschaft zu den Lagerkellern. Auf die Beschwerde der Auer Wirte hin wurde am 3. August 1773 vom Stadtrat das Mandat „von Erbauung der Bierkeller außer[halb] der Burgfrieden und Verleitung [Ausschank alkoholischer Getränke] des Biers" beschlossen. Darin war der Verkauf von Bier aus den Kellern nur an Gäuwirte und ausschließlich fassweise („in grosso") erlaubt. Der sog. „Minutoverschleiß", also die Abgabe von Bier maßweise an Einzelpersonen, wurde explizit verboten. Genützt hat dieser Beschluss allerdings nichts. Die

Biergarten des Hirschbräukellers an der heutigen Zollstraße in München, 1888

Brauer setzten den Verkauf auf ihren Kellern nicht nur ungeniert fort, sie begannen vielmehr die Bierkeller im Laufe der Zeit umzugestalten: Im Freien konnten die Gäste ihr Bier nun an Gartentischen und -bänken genießen, bei schlechtem Wetter gab es ein sog. „Salettl", also eine offene, aber überdachte Holzhalle zum Unterstellen. Die Bierkeller erfreuten sich dadurch wachsender Beliebtheit bei den Münchnern, sodass die Brauer bald auch die oberirdischen Lagerhallen zu Gasträumen umfunktionierten. Dort wurden jetzt „Kugelplätze" (Billardtische) aufgestellt und andere Spiele angeboten. Außerdem begannen die Brauer, Konzerte zu veranstalten; Tanz- und Musikfeste wurden zur regelmäßigen Einrichtung.

Das Unterhaltungsangebot auf den Kellern wie auch in den anderen Gaststätten der Stadt München entwickelte sich im Laufe der nächsten 100 Jahre immer weiter. Friedrich Trefz beschrieb dieses Treiben im Wirtsgewerbe 1899 folgendermaßen: „Die Volkssänger oder Komiker treten gewöhnlich nur in bestimmten Lokalen, mit denen sie in einem festen Vertragsverhältnis stehen, auf, obwohl auch einige herumziehende Gesellschaften täglich den Schauplatz ihrer Vorführungen wechseln. Man hat hier die größte Auswahl von dem angesehenen Salonkomiker an bis hinab zu dem lasziven Possenreißer und der halbweltlerischen Walzersängerin. Auch die Varietés und sog. Tingel-Tangels nehmen in den letzten Jahren ... sehr stark überhand, so dass wohl in keiner Stadt auf dem Kontinent so zahlreiche farbige Plakate aller Art auf den Straßen zu solchen künstlerischen Genüssen einladen, wie in München. Bemerkenswert ist, dass solche Unterhaltungen manchen Lokalen, die infolge der Qualität des Bieres nur auf wenige Gäste zu rechnen hätten, Publikum in großen Mengen zuführen."

Noch war es aber längst nicht so weit: Auf erneute Eingabe der Auer Wirte am 9. Januar 1784 ordnete der Kurfürst Karl Theodor der Oberlandesregierung an, die Exzesse auf den Kellern am Gasteig abzustellen. Dies wurde aber schon nur mehr in abgespeckter Form umgesetzt. Am 31. März wies der Stadtrat die Bierbrauer an, dass ihnen nur noch an den Tagen, an denen sie „den ordentlichen Kranz haben" (also nach dem Märzenbierlos mit dem Verkauf an der Reihe waren), Musik und Spiele sowie Minutoverschleiß gestattet wurden. Wer sich nicht daran hielt, dem wurden zunächst Geld-, dann aber auch „unliebsamere" Strafen angedroht. Auch diese Verordnung entpuppte sich als reiner Papiertiger, denn mit schöner Regelmäßigkeit musste das Gästesetzen auf den Bierkellern immer wieder untersagt werden. So verbot die kurfürstliche Oberlandesregierung am 13. Mai 1791 erneut „nachdrücklichst" das Setzen von Gästen am Gasteig und auf dem Lilienberg. Bereits ein Jahr später, am 13. Juli 1792, führte sie nochmals den Sachverhalt dezidiert aus: „Erst gegen Ende des vorigen Jahrhunderts fingen einige Brauer an, am Gasteig und am Lilienberge eigene Märzenkeller zu erbauen. Im Laufe der Zeit begannen sie auf diesen ... auch Bier in minuto zu verschleißen und ... Gäste zu setzen". Dieses Vorgehen der Brauereien wurde mit Hinweis auf das Verbot vom Vorjahr wieder einmal unter Strafe gestellt.

Nächster Versuch, 11. Juli 1798: Jetzt wurde der Magistrat der Stadt München von der Oberlandesregierung angewiesen, auf den Kellern am Gasteig und am Lilienberg nicht den geringsten Minutoverschleiß zu dulden und auch die Abgabe in kleinen Fässern zu 30 Maß zu unterbinden. Ein Jahr später war der Minutoverschleiß von Bier auf den Märzenkellern immer noch verboten, aber weiterhin an der Tagesordnung. Daraufhin wurde am 5. August 1799, also bereits unter Max I. Joseph, nun durch die Generallandesdirektion die Höhe der Geldstrafen drastisch auf 60 Reichstaler erhöht; zudem wurden Inspektionen der Keller angekündigt.

Alle diese Bemühungen liefen aber letztlich ins Leere. Nach vier Jahrzehnten erfolgloser Verordnungen musste die Obrigkeit nun endlich einsehen, dass sie gegen den immer mehr zunehmenden Bierverschleiß auf den Kellern machtlos war. Als Konsequenz wurde daher unter König Maximilian I. Joseph offiziell am 4. Januar 1812 die Genehmigung erteilt, dass die Brauer auf ihren Kellern das Bier maßweise verkaufen durften. Die Zahl der bedauernswerten Auer Wirte reduzierte sich dadurch letztlich auf die Hälfte.

Biergärten

Um den Wirten der Au nach Genehmigung des Ausschanks auf den Bierkellern zumindest ein wenig entgegenzukommen, wurde in der Verordnung von 1812 aber auch festgelegt, dass die Brauer dort außer Brot keine anderen Speisen verkaufen durften: „Märzenkeller: Das Gästesetzen und den Minuto-Verschleiß der Brauer auf denselben. Den hiesigen Bierbrauern gestattet seyn solle, auf ihren eigenen Märzenkellern in den Monaten Juni, Juli, August und September selbst gebrautes Märzenbier in Minuto zu verschleißen, und ihre Gäste dortselbst mit Bier u. Brod zu bedienen. Das Abreichen von Speisen und anderen Getränken bleibt ihnen aber ausdrücklich verboten."

Das sollte den umliegenden Wirten wenigstens einen gewissen Ausgleich sichern. Die Idee war, dass die hungrigen Gäste sich mit Nahrung in den nahegelegenen Wirtschaften der Au versorgen würden. Die Reaktion der seit jeher erfinderischen Münchner war jedoch völlig anders als erwartet. Sie nahmen einfach ihre eigenen Speisen zu den Bierkellern mit. Das heißt, sie packten ihre Brotzeittaschen voll mit Radi (Rettich), Käse, Wurst und Brot und pilgerten damit zu den Bierkellern am Gasteig. Dort konnten sie ihre Gaben längst bequem auf Stühlen an bereit stehenden Tischen genießen. Nichts hätte die Münchner bewegen können, nach dem Trinken der frischen Maßen noch zu den Auer Wirten hinabzusteigen.

Um eine Vorstellung der Kelleratmosphäre in der Mitte des 19. Jahrhunderts zu gewinnen, sei der Münchner Wirtschaftswissenschaftler Max Haushofer zitiert: „Man saß dort – dazumal – noch überall auf grauen, verwitterten lehnenlosen Holzbänken vor Tischen, die ebenso urwüchsig waren. Dabei war weder die Höhe der Bänke noch jene der Tische dem menschlichen Körper angemessen; auf den Tischen lagen auch zwischen kleinen Bierlachen malerisch gruppierte Rettichschwänze, Wursthäute und Käserinden – eine anmutige Verlassenschaft der Vorgänger. Eigenhändige Versorgung mit Bier und Esswaren war die Regel, für künstlerischen Genuss sorgte eine bauernmäßige Musik. Dass bei einem solchen Mangel an Feinheit der Genüsse auch keinerlei edleres Gespräch zustande kommen konnte, ist erklärlich. Man unterhielt sich mit den Menschen, zwischen die man durch den Zufall hineingeschneit war, die Mütter waren vollauf damit beschäftigt, den Hunger der Jugend zu stillen. Waren jüngere Herren und erwachsene Mädchen am Tische, so gab es wohl Scherz und Kurzweil, aber kaum jene feinere geistige Berührung, die durch eine künstlerisch ausgestaltete Häuslichkeit ermöglicht, begünstigt und getragen wird."

Aus dem Verbot, Essen zu verkaufen, erwuchs also eine einzigartige Münchner Spezialität, nämlich der Biergarten. Seit jener Zeit ist es in allen traditionellen Biergärten der Stadt erlaubt, seine Brotzeit selbst mitzubringen. Natürlich dürfen heute längst auch überall Speisen zusätzlich angeboten werden. Allerdings verlangt die Sitte, dass alle Getränke im Biergarten stets beim Wirt gekauft werden.

Die Wertschätzung der Biergärten als ein wesentlicher Bestandteil Münchner Kultur ist übrigens nicht erst heute entstanden. Bereits um 1830 schrieb der Münchner Maler Franz Xaver

Biergartenrevolution

Wie wichtig diese Tradition den Münchnern ist, wurde bei der „Biergartenrevolution" 1995 deutlich. Anlass war damals ein Urteil des Bayrischen Verwaltungsgerichtshofes. Aufgrund von Beschwerden der Anwohner in Pullach, einem Vorort von München, wurde die Sperrstunde der „Waldwirtschaft" auf 21.30 Uhr beschränkt. Bei dieser handelt es sich um einen der beliebtesten Münchner Biergärten, wodurch der Volkszorn gegen dieses Urteil rasch organisiert werden konnte. 25 000 Münchner gingen am 12. Mai 1995 bei einer Demonstration „zum Erhalt der Biergartenkultur" auf die Straße. In offener Sympathie mit den Demonstranten erließ die Bayrische Staatsregierung nur eine Woche später die sog. „Bayerische Biergartenverordnung". Diese schrieb eine Sperrstunde von 23 Uhr für alle Biergärten fest. Nachdem gegen diese Entscheidung Widerspruch eingelegt und diesem auch stattgegeben wurde, erfolgte eine Präzisierung der Sperrstundenausweitung ausschließlich für „traditionelle" Biergärten. Diese sind aus Sicht der Bayrischen Staatsregierung eben dadurch charakterisiert, dass die Gäste „unter Bäumen" die Getränke einnehmen und ihr eigenes Essen mitbringen dürfen.

Nachtmann: „Denn hier geht es, wie man mit Recht betont hat, nicht um eine sentimentale Bierdimpfelei, vielmehr um ein ausgesprochen soziales Anliegen. Wo sonst außer im Münchner Bierkeller sieht man den Regierungsrat neben dem Kanzleiangestellten, den Minister neben dem Bauarbeiter oder Kranführer sitzen? Und uns dünkt, jeder Fremde, der einmal unter den breitschattenden Kastanien sein Bier geschlürft und einen Hauch der einzigartigen Atmosphäre geatmet hat, überwölbt vom weißblauen Himmel, wird in diesem Punkte mit dem eingesessenen Münchner einig gehen: eine Stätte, wo sich unter dem Zepter des Salvator, Maibock, Urmärzen das einigende Band um die sonst uneinigen, anschauungsverschiedenen, aneinander vorbeilebenden Menschen schlingt, darf unter keinen Umständen verloren gehen!"

Mit Gründung des Deutschen Reiches 1871 wurde das vormals eher geächtete öffentliche Biertrinken im Bürgertum immer beliebter, der Pro-Kopf-Verbrauch verdreifachte sich. Das Bier wurde zu *dem* deutschen Nationalgetränk, und der einzigartige Münchner Durst wurde geradezu legendär: Zu seinen besten Zeiten betrug die jährlich getrunkene Biermenge pro Kopf – also vom Säugling bis zum Greis gerechnet – unglaubliche 525 Liter. Vor allem die aufstrebenden Burschenschaften schienen das gemeinschaftliche Zechen als ihren eigentlichen Daseinszweck zu verstehen.

Da mit Inkrafttreten der allgemeinen Gewerbefreiheit in Bayern (1. Mai 1868) jeder ohne Beschränkungen eine Brauerei aufmachen konnte, kam es zu einer zweiten Gründungswelle im Brauwesen. Durch den mit der Bevölkerung immer weiter anwachsenden Bierbedarf schien die Eröffnung einer Brauerei eine „gmahte Wiesn", also eine sichere Sache zu sein. Über 40 Neugründungen wurden in dieser „Gründer"-Zeit gezählt. Zahlte man vor dem Biersatzregulativ für eine durchschnittliche Münchner Brauerei noch etwa 15 000 Gulden, so wurden nun Braugerechtigkeiten teilweise spekulativ gehandelt und zu Preisen von über einer Million Mark veräußert. Allerdings brach dieser überhitzte „Markt" rasch wieder in sich zusammen, kaum eine der neu gegründeten Brauereien erlebte noch den Ausbruch des Ersten Weltkrieges. Meist wurden sie von den übrigen Großbrauereien aufgekauft und postwendend stillgelegt, wobei die Gebäude entweder als Gaststätten, Malzwerke oder überhaupt nicht mehr benutzt wurden.

Das Münchner Kellerwesen

Das beschriebene fröhliche und ausgelassene Treiben der Münchner auf den Bierkellern beziehungsweise in den Biergärten vermittelt uns keine Vorstellung davon, wie anspruchsvoll im Vorfeld sowohl die Auswahl der Bierkeller-Lage als auch vor allem der Kellerbau an sich waren. Die Baumeister des 18. und 19. Jahrhunderts mussten zunächst profunde Kenntnisse des Baugrundes haben. Die statischen Anforderungen an die tief im Untergrund anzulegenden Keller waren ebenfalls enorm. Schließlich sollten die Keller optimale Bedingungen sowohl bezüglich Temperatur als auch Feuchtigkeit für die mehrmonatige Lagerung des leicht verderblichen Bieres bieten.

Den Bierkellern kam die entscheidende Bedeutung für den wirtschaftlichen Erfolg eines Braubetriebes im zunehmend härter werdenden Konkurrenzkampf der Münchner Brauereien zu. Entsprechend groß war die Aufmerksamkeit, die die Brauer und die am Bau der Keller beteiligten Unternehmen deren Errichtung widmeten.

Münchner Untergrund

Die Stadt München liegt auf einer ca. 1500 km² großen Schotterebene, entstanden im Laufe der letzten drei aufeinander folgenden Eiszeiten: der Mindeleiszeit (im Zeitraum von vor 460 000 bis vor 400 000 Jahren), der Rißeiszeit (von vor 350 000 bis vor 120 000 Jahren) und der Würmeiszeit (von vor 115 000 bis vor 10 000 Jahren). Die Schotterebene selbst war allerdings nicht vergletschert, sondern stellte das Abflussgebiet der Schmelzwässer vor allem des Isar-Loisach-Gletschers dar. In breiten, miteinander verflochtenen Strömen wurden riesige Kiesmassen terrassenförmig über der wesentlich älteren sog. Flinzschicht abgelagert. Die Oberfläche dieses Flinzes ist deshalb im Münchner Stadtgebiet von zahlreichen tiefen Rinnen durchzogen.

Flinz

Mit diesem Begriff wird eine wasserundurchlässige Bodenschicht in Oberbayern bezeichnet, die aus sehr alten Sedimentablagerungen der sog. „Oberen Süßwassermolasse" besteht. Zu Beginn des Erdzeitalters Tertiär war das Gebiet zwischen den Alpen im Süden und dem schwäbisch-fränkischen Jura im Norden zunächst von Meerwasser bedeckt. Durch die Entstehung der Alpen wurde die Region vom Meer abgetrennt, so dass ein abgeschlossenes Binnengewässer entstand, das durch den Einstrom von Flüssen langsam in Süßwasser umgewandelt wurde. Als sich die Erdkruste während der weiteren Auffaltung der Alpen durch deren Gewicht nochmals absenkte, entstand abermals ein offener Zugang zum Meer, was eine neuerliche Überflutung mit Salzwasser zur Folge hatte. Durch zunehmende Verlandung wurde die Verbindung zum Meer wieder unterbrochen, woraufhin erneut die Umwandlung in einen Süßwassersee begann. Als „Molassen" werden die Gesamtmengen an Ablagerungen aus jener Zeit bezeichnet. Während des Oligozäns (von vor ca. 34 Millionen Jahren bis vor ca. 23 Millionen Jahren) bildeten sich die „Untere Meeres-" und darüber die „Untere Süßwassermolasse" aus. Im Miozän (von vor ca. 23 Millionen Jahren bis vor ca. 5 Millionen Jahren) folgten die „Obere Meeres-" und die „Obere Süßwassermolasse". Süßwasser- und Meeresmolassen wechseln sich also in vier übereinandergelegenen Schichten ab. Die Zusammensetzung der oberen Süßwassermolasse besteht aus feinen Sanden beziehungsweise Sandsteinen sowie Ton. Ebenso enthält sie grünlichen Mergel, ein Gestein, das sich aus Sediment bildet, wenn feines Material abgelagert und dabei gleichzeitig Kalk ausgefällt wird. Außerdem findet sich in der Münchner Schotterebene ein hoher Anteil an Glimmer, in tieferen Lagen auch Quarzkiesel.

Zwischen den Eiszeiten verwitterten die Gletschermoränen im Süden. Der feine Gesteinsstaub wurde durch gewaltige Stürme nach Norden verweht und lagerte sich als 2–3 m dicke Feinstaubschicht auf dem Hochterassenschotter ab. Dieser gelb-

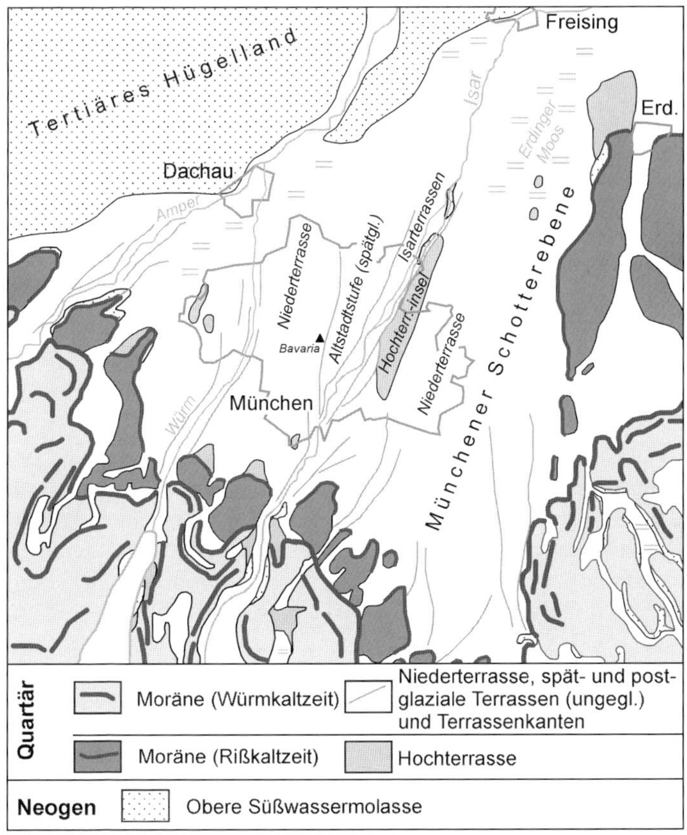

Vereinfachte geologische Karte von München und Umgebung

liche Sand, der sehr viel Kalk enthält, wird Löß genannt und bedeckte zunächst die gesamte Schotterebene. Durch Erosion wurden die Hochterrassenschotter der älteren Eiszeiten mitsamt der Lößschicht dann wieder fast vollständig abgetragen. Nur vereinzelt blieben von ihnen Reste erhalten, die dadurch heute wie Inseln aus der letzten Schotterterrasse der Würm-Eiszeit herausragen. Durch Witterungseinflüsse nahm der Kalkgehalt in der verbliebenen Lößschicht kontinuierlich ab, wodurch sich der Löß in Lehm umwandelte. Die größte derartige Erhebung bildet die sog. „Ismaninger Lehmzunge“, die mit einer Ausdehnung von 2 x 16 km die Isar östlich von Ramersdorf bis Ismaning begleitet. Hier liegt auch der heutige Münchner Stadtteil „Berg am Laim“ (Laim = Lehm). Früher konnte man diese Lehmschicht als Erhöhung deutlich wahrnehmen. Nachdem sie aber als Grundmaterial für Ziegel über die Jahrhunderte fast vollständig abgebaut wurde, ist sie im heutigen Stadtbild praktisch nicht mehr zu erkennen.

Die Isar schneidet sich seit dem Ende der letzten Eiszeit bis heute unablässig immer weiter in diese Schotterebene ein, wobei die Tiefe ihres Canyons im Süden bis in den Flinz reicht und nach Norden abflacht. In München erweiterte sie sich ursprünglich trompetenförmig. Die gesamte Schotterebene fällt im Münchner Stadtgebiet in Abflussrichtung der ehemaligen Gletscherschmelzwässer nach Nordosten von ca. 580 m in Großhesselohe auf ca. 480 m in Garching ab. Die Dicke der Schotterschicht variiert dabei von maximal 20 m bis hin zu nur einigen wenigen Metern. Die verbliebenen Reste der ältesten Schotterschicht aus der Mindeleiszeit sind zu betonhartem „Nagelfluh“ verbacken, während die später abgelagerten Schotter nur gering verfestigt sind. In dieser Weise ist das gesamte Isar-Hochufer zwischen Icking und München strukturiert.

Aufgrund dieser geologischen Verhältnisse beherbergt der Münchner Untergrund zwei sog. Grundwasser-„Stockwerke“. Im oberen Stockwerk ist das Grundwasser in den Schotterschichten gleichmäßig verteilt, wobei die Grundwasseroberfläche im Norden näher unter dem Erdboden liegt als im Süden. Durch freien Grundwasseraustritt konnten sich deshalb im Nordosten von München die „Moos“ genannten Moore von Erding und Freising bilden.

Durch eine bis zu mehreren Metern mächtige Mergelschicht getrennt liegt das untere Grundwasser-Stockwerk des Flinzes aus dem Tertiär. Hier ist das Wasser ungleichmäßig, vorwiegend in innerhalb des Flinzes eingelagerten Sand- oder Kiesansammlungen gespeichert. Dieses tertiäre Grundwasser steht wegen der Trennung von der oberen Schotterschicht unter hohem Druck (sog. „gespanntes“ Wasser). Es wird heute ausschließlich von den Münchner Brauereien aus einer Tiefe von

Nagelfluh

Geröllmaterial, das von den Flüssen und Gletschern aus den Alpen in die Münchner Schotterebene transportiert wurde, verdichtete sich dort zu sog. Konglomeraten. Einzelne Körner beziehungsweise Kiesel aus harten, widerstandsfähigen Gesteinen (vor allem Quarzite) wurden in eine Bindemasse aus vorwiegend Kalziumkarbonat eingelagert. Die aus geologischer Sicht noch sehr jungen Konglomeratgesteine im Voralpenland werden hier als Nagelfluh bezeichnet. Sie stellen meist einen Teil der „Molasse" (s. S. 32) dar, in den Schotterebenen aber haben sich auch noch jüngere Nagelfluhvorkommen während der letzten Eiszeiten ausgebildet. Sie sind neben dem kalkhaltigen Tuffstein die einzigen natürlichen Gesteine in dieser Region. Nagelfluh wurde früher auf Grund seiner Zusammensetzung, die dem Waschbeton der 70er-Jahre ähnelt, auch als „Herrgottsbeton" bezeichnet. Bis in die Mitte des 20. Jahrhunderts wurde er als Baumaterial verwendet.

150 bis 200 m mittels Tiefbrunnen gefördert. Im Vergleich zur oberen Grundwasserschicht ist es das ältere Wasser. Obwohl es also viel länger in Kontakt mit dem umgebenden Gestein war, ist es dennoch wesentlich weniger mineralhaltig, da der dort vorherrschende Quarz nahezu wasserunlöslich ist.

Als notwendige Bodenbeschaffenheit für den Bau von Kellern konstatierte Wilhelm Fried, Lehrer der Baugewerkschule München, im Jahr 1900: „Als guten und brauchbaren Baugrund kann man bezeichnen: geschlossene oder doch nur wenig zerklüftete Felsmassen, festgelagerten, gegen Rutschungen und Unterspülungen gesicherten Kies oder groben Sand, desgleichen Gerölle und Geschiebe, vorausgesetzt eine Schichtenstärke von mindestens 2,5 bis 3 m."

Einzig die ca. 10 bis 12 m dicken Kiesschichten oberhalb des Nagelfluhs, wie wir sie am westlichen und östlichen Isar-Hochufer vorfinden, waren demnach im Umfeld der Stadt München geeignet für den Bau von Bierkellern. Im Gebiet der Innenstadt von München hatte dagegen die Isar die Schotter-

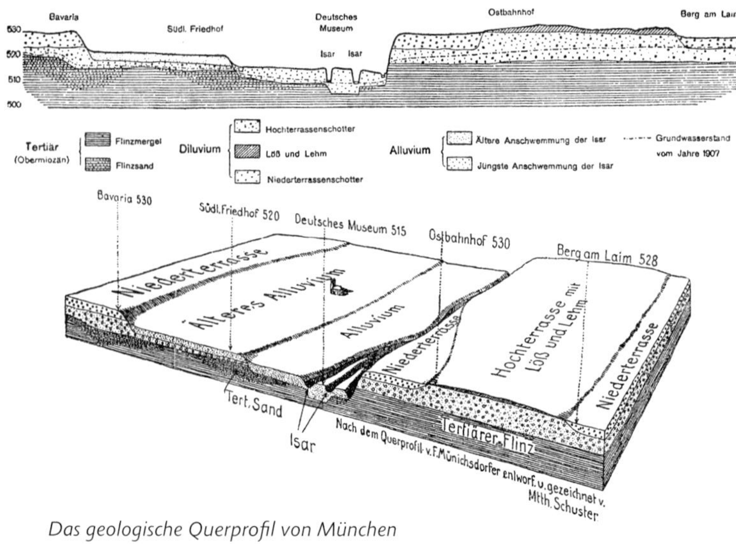

Das geologische Querprofil von München

schichten größtenteils abgetragen, sodass hier der Grundwasserspiegel für einen Sommerbierlagerkeller viel zu nah unter der Oberfläche lag. Um das Jahr 1790 herum nahmen die Klagen über die schlechte Bierqualität aus den innerstädtischen alten Kellern immer mehr zu, was die Brauer in einer schriftlichen Rechtfertigung vorwiegend auf die mangelhafte Qualität dieser „Krautlöcher" zurückführten. Daher errichtete praktisch jede der Münchner Brauereien in der Folge mindestens einen Lagerkeller vor der Stadt.

Bierkellerbau

Die älteren Keller direkt unter den Brauereien in der Innenstadt wurden von nun an nur noch als Gärkeller und zum Aufbewahren des einfachen Winterbiers, das in der kalten Jahreszeit nicht extra kühl gehalten werden musste, verwendet. Die neu erbauten Keller für das Sommerbier lagen hingegen aus den zuvor erwähnten Gründen der Bodenbeschaffenheit allesamt auf Grundstücken außerhalb der damaligen Stadt. Ein Sommerkeller bestand immer aus zwei Teilen: dem eigentlichen Keller, in dem das Bier aufbewahrt wurde, sowie einem darüber errichteten oberirdischen Gebäude, dem „Oberbau“. Über ein Aufzugsystem wurden die im Lagerkeller befüllten Transportbierfässer in den Oberbau hinauf befördert. Zudem diente dieser Bau auch zum Aufbewahren der gereinigten Lagerfässer, denn nachdem das Bier einmal aus den großen Fässer entleert worden war, mussten diese möglichst rasch gereinigt und getrocknet werden, um ein Vermodern des Holzes zu verhindern. Die in den Fässern befindliche Resthefe wurde zur Branntweingewinnung verwendet. Oftmals konnten in den oberirdischen Räumen auch andere Brauutensilien sowie Gerste und Hopfen aufbewahrt werden.

Im eigentlichen Keller, in dem das Bier gelagert wurde, sollte eine möglichst nahe dem Gefrierpunkt liegende Temperatur erhalten werden. Von Benno Scharl, dem ersten detaillierten Beschreiber der Bayrischen Brauweise, wurde um 1800 ein Keller nur dann als tauglich zum Einlagern von Bier angesehen, wenn dort die Temperatur im Sommer nicht über 5° Réaumur (6,3° C) anstieg. In den Monaten September und Oktober wurden maximale Temperaturen von 7,5 bis 10° C toleriert. Bei

Réaumur

Diese Temperaturskala wurde im Jahr 1730 von dem Franzosen René-Antoine Ferchault de Réaumur eingeführt. Wie bei der Einteilung nach dem Schweden Anders Celsius dienten als Bezugspunkte der Gefrier- und der Siedepunkt von Wasser bei Normal-Luftdruck. Allerdings teilte Réaumur die dazwischen liegende Temperaturspanne nur in 80 (statt 100) Grade auf. Die Réaumur-Skala war in Deutschland weit verbreitet, ebenso in Frankreich und anderen Teilen Europas. Allerdings wurde sie zunehmend von der besser berechenbaren Celsius-Skala abgelöst. Nachdem diese im Jahr 1901 zur offiziellen Temperaturmessung festgelegt wurde, verschwand die Berechnung nach Grad Réaumur praktisch vollständig.

einem Anstieg auf über 13 bis 15° C musste ein Umschlagen, also Sauerwerden des Biers befürchtet werden.

Die auf der Erdoberfläche vorherrschenden, ausgeprägten Temperaturunterschiede nivellieren sich im Erdreich mit zunehmender Tiefe immer mehr, da Erde Wärme sehr schlecht leiten kann. Schon in 1,5 m Tiefe kühlt sich deshalb der Boden im Winter nur noch bis auf 1° C ab. Ab 20–25 m Bodentiefe sind dann überhaupt keine jahreszeitlich bedingten Temperaturschwankungen mehr zu beobachten. In dieser Tiefe herrscht ununterbrochen der gleiche sog. „Wärmestand". Dieser beträgt in Deutschland durchschnittlich 8° bis 10° C. Um diesen Vorteil der Wärmeisolierung und der gleichmäßigen Temperaturen für die Bierlagerung ausnutzen zu können, galt es, die Lagerkeller möglichst in einer Tiefe von 10–15 m unter der Erdoberfläche anzulegen, denn bereits hier konnten jahreszeitlich bedingte Wärmeunterschiede kaum noch wahrgenommen werden. Dabei kamen verschiedene technische Ansätze zum Tragen, die von der Beschaffenheit des jeweiligen Terrains abhingen. „Im sandigen und lehmigen Hügellande Bayerns werden die Keller in der Regel stollenförmig auf die Weise miniert, dass an der Seite oder am Fuße des Hügels ein bergmännischer Stollen getrieben und im Inneren die Kellerräume angelegt werden."

Wie genau diese „Hügelkeller" aufgebaut waren, wird aus den Ausführungen des Brauexperten Fritz Sedlmayr ersichtlich: „Man baute nämlich früher die Lagerkeller mit Vorliebe an die Höhenstufe selbst, derart dass oben am Berge, d. h. zu ebener Erde, die Kellerhallen als Standplatz für die Fuhrfässer während des Einlassens und als vorübergehender Stapelplatz für die leeren Lagerfässer dienten. Darunter, also unten am Hang, infolgedessen ebenfalls von außen her zugänglich, diente ein schmälerer Vorbau mit mehreren Türen zum Ein- und Ausbringen der Lager- wie der kleineren Fässer. Über der Kellerhalle befand sich auf Holzsäulen ruhend ein durchgehender hölzerner Lagerboden oder deren zwei, zur längeren Aufbewahrung der Lagerfässer und zum Übersommern der Gärbottiche."

Der Untergrund im Münchner Stadtgebiet war für eine Stollenbauweise wie im bayerischen Hügelland nicht geeignet. Hier wurden die Sommerkeller stattdessen in offener Bauweise

Bayrischer Boden

Überall in Bayern waren die Brauer darauf angewiesen, die natürlichen Bodenbeschaffenheiten für die Anlage von Bierkellern so gut wie möglich auszunutzen. Dadurch treffen wir heute je nach Region auf höchst unterschiedliche Relikte der Biereinlagerung.
So wurde beispielsweise in Nürnberg der Sandsteinblock, auf dem Burg und Stadt ruhen, im Mittelalter explizit für den Bau von Bierlagerkellern ausgehöhlt. Denn jedem Brauer war es dort vorgeschrieben, für die Gärung und Lagerung seines Bieres entsprechende unterirdische Keller anzulegen. Heute stellt dieses Felsenkellerlabyrinth mit einer Fläche von 25 000 m^2 das größte seiner Art in Süddeutschland dar. Die Tölzer Brauer konnten, wie schon erwähnt, ihr Bier zu optimalen Bedingungen in natürlichen Tuffsteinhöhlen einlagern. Im Nördlinger Ries wurde Bier im zentralen Wennenberg, der aus Kristallin besteht (entstanden durch den Aufprall des Meteoriten, der das Ries geschaffen hat), gelagert. Die Brauerei Scheible nutzte diese geologische Besonderheit, um einen ausgedehnten zweistöckigen Bierkeller anzulegen. Die Wasserburger „Bierkatakomben" wurden am Südufer des Inns gegenüber der Stadt entlang der Kellerstraße angelegt.

ausgeführt. Dabei musste zunächst eine Baugrube mit einer Tiefe von durchschnittlich 30–40 Fuß (8,75–11,7 m) ausgehoben werden, in der die gemauerten Keller errichtet wurden. Die Grabungsarbeiten erfolgten seinerzeit in reiner Handarbeit, Baufahrzeuge wie Bagger o. ä. gab es noch nicht. Außerdem erfolgte die Befestigung der Baugrube damals nicht mittels Spundwänden, sondern es wurde eine schräge Böschung angelegt, die das Nachrutschen des Erdreichs in die Baugrube verhindern sollte. Geht man von einer durchschnittlichen Bierkellergröße von 600 m^2 (siehe Hierlscher Keller, S. 48ff.) aus, der in einer Tiefe von 10 m angelegt wird, beträgt der Aushub allein für den Keller 6000 m^3 zuzüglich der für die Abböschung der Baugrube benötigten Schräge. Dieser Aushub musste mit Fuhr-

Neubau Pschorr-Lagerkeller an der Bayerstraße, ca. 1870er-Jahre; im Hintergrund der Spatenkeller

werken von der Baustelle abtransportiert und in der Regel über größere Strecken aus der Stadt gebracht werden. Nur ein im Vergleich relativ geringer Anteil des Aushubs wurde zur Hinterfüllung zwischen Erdreich und Kelleraußenmauern benötigt. Eher selten gelang es den Bauherren, die immensen Kosten, die die Bauarbeiten verursachten, durch den Verkauf des Aushubs – Sand zur Mörtelbereitung, später Kies zur Betonherstellung – zu einem kleinen Teil gegenzufinanzieren.

Durch diese Bauweise zählten die Münchner Keller trotz der eigentlich ungünstigeren Bodenbeschaffenheit bayernweit zu den besten ihrer Art. Bei den ältesten Sommerkellern wurde als Baumaterial noch Tuffstein verwendet, in Kenntnis der natürlichen Vorteile der Tuffsteinhöhlen im Voralpenland (wie zum Beispiel in Tölz), die den ganzen Sommer über eine gleichmäßig tiefe Temperatur aufwiesen. Tatsächlich zeigte sich, dass einmal beim Umbau eines solchen Tuffsteinkellers mit Austausch des Mauermaterials durch die dann moderneren Backsteine die Temperatur trotz gleichzeitiger Tieferlegung der Kellersohle etwas anstieg. Dennoch setzte sich die Ziegelbauweise bei den Sommerkellern allgemein durch, nicht zuletzt wegen der fehlenden Verfügbarkeit anderen Baumaterials in der direkten Umgebung Münchens.

Münchner Ziegel

Seit dem späten Mittelalter war das Wachstum der Stadt München mit umfangreichen Steinbauten verbunden. Öffentliche und private Gebäude innerhalb der Stadt mussten – nicht zuletzt aus Gründen des Brandschutzes – aus Ziegeln gebaut werden. Eine Voraussetzung für dieses Wachstum war das große Lehmvorkommen auf der östlichen Isarterrasse.

Die Verarbeitung von Lehm in Form von Ziegelbau und Keramik ist im Süddonauraum seit der Kelten- und Römerzeit, also seit über 2500 Jahren, geläufig. Der umfangreiche Lehmvorrat direkt vor den Toren der Stadt deckte auf Jahrhunderte Münchens Bedarf an Baumaterial. „Ohne den Lehm daat's München net geb'n!" Die ersten Ziegelgruben und Trockenstädel standen wohl im stadtnahen Haidhausen; von dort stammen die fünffach gebrannten Ziegel für den Bau der Frauenkirche. Während der Gründerzeit stieg der Ziegelbedarf sprunghaft an und machte die Erschließung weit außerhalb der Stadt liegender Lehmabbaugebiete erforderlich. Ein regelrechter Ziegelboom setzte ein und machte die Ziegeleibesitzer zu „Loambaronen". Die Ziegel hatten eine Länge von 25 cm, waren 12 cm breit und 6,5 cm dick. Als zusätzliche Arbeitskräfte wurden italienische Wanderarbeiter aus dem Friaul und Venetien, genannt „Ziegelpatscher", beschäftigt. Um 1900 lebten ungefähr 6000 Italiener in München, die in den höchst einfach ausgestatteten „Italiener-Wohnheimen" der Ziegeleibetreiber untergebracht waren.

Bereits knapp zwei Generationen später endete das „goldene Ziegelzeitalter", und nach 1920 existierte nur noch eine Handvoll betriebsfähiger und produktiver Ziegeleien im Münchner Osten.

Die Wände der Lagerkeller waren hohen statischen Belastungen ausgesetzt. In der zeitgenössischen Abhandlung „Der Bau der Eiskeller“ heißt es entsprechend: „Kellerwände werden natürlich am besten massiv ausgeführt und [es] eignen sich hierzu etwa 0,75–1 m und mehr starke Ziegelmauern mit ein, zwei, am besten drei Luftschichten von je 7–8 oder mehr cm Stärke.“

Diese Zwischenräume wurden mit Dämmmaterial wie Torfmull, Isolierbimsstein, zermahlenen Korkabfällen oder Infusionserde (Kieselgur) verfüllt. Beim Bau der Lagerkeller musste darüber hinaus auf eine ausreichende Isolierung zum umgebenden Erdreich geachtet werden. Beim Lagerkeller des Spatenbräus Sedlmayr wurde hierzu eine zwei Schuh (ca. 60 cm) starke Isolierschicht aus Holzkohle zwischen den Außenmauern des Kellers und dem Erdreich eingebracht.

Da es zu den Anfangszeiten des Kellerbaus noch keine Technik zur künstlichen Kühlung gab, war die Möglichkeit zur Kaltluftzufuhr in die unterirdischen Keller außerordentlich wichtig. Dazu wurden in regelmäßigen Abständen (etwa alle 5–6 m) Luftschächte mit einem Durchmesser von ca. 60 cm in den Außenmauern ausgespart, die innerhalb der Ziegelmauern senkrecht aus den Lagerkellern zur Erdoberfläche führten. Dabei wurden die Öffnungen der Lüftungsschächte zu den Kellern hin in unterschiedlichen Höhen angebracht. Dies erzeugte einen Kamineffekt, was den gewünschten Durchzug von kalter Außenluft im Winter zur Kühlung des Lagerkellers gewährleistete. Aus dem gleichen Grund wurden die Keller, soweit möglich, in Nord-Süd-Richtung angelegt. Weil sich die Luft auf der Südseite des Baus stärker erwärmte als nördlich davon, konnte der dadurch entstehende Sog ebenfalls für den Luftdurchzug genutzt werden.

Trotz der von Haus aus sehr massiven Bauweise der Lagerkeller kam es vereinzelt zu Einstürzen der unterirdischen Bauten, zum Beispiel am 9. Oktober 1801, als auf dem Gasteigberg der Zusammenbruch eines Kellers mehrere Personen begrub. In der Stadtchronik wurde hierzu genauestens vermerkt, dass die Stadt später die Rechnung des Chirurgen für seine Dienste bezahlte. Laut Polizeiorder wurden die aus dem Schutt gezogenen Toten auf dem Kirchhof des Gasteigs begraben.

Beispiel eines typischen Märzenkellers: Lodererbräu Jakob Floßmann, Innere Wiener Straße, 1811

Der Boden eines Lagerkellers hatte ebenso wie die Wände ganz bestimmten Anforderungen zu genügen. Er musste auf der einen Seite wasserundurchlässig sein, da das Eindringen von Quell- oder Sickerwasser die Lagerfässer gefährdet hätte. Die durchschnittliche Niederschlagsmenge in München beträgt 850 mm, von denen etwa 470 mm verdunsten und die restlichen 380 mm versickern. Zudem musste der Keller gegen aufsteigendes Grundwasser gesichert werden. Auch aus diesem Grund konnten Lagerkeller nur in Lagen mit entsprechend niedrigem Grundwasserspiegel errichtet werden. Andererseits war es notwendig, dass das zum Beispiel für die Reinigung verwendete Wasser vollständig aus dem Keller ablaufen konnte. Dazu wurden die Böden gegen eine zentrale Ablaufrinne in der Mitte hin geneigt.

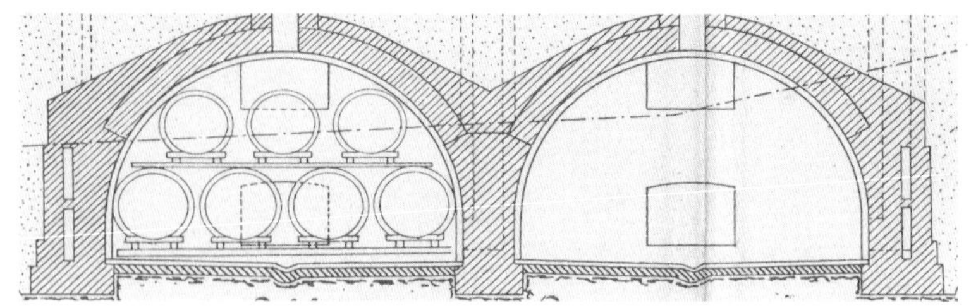

Deckengewölbe eines Bierkellers: Volle Tonne

Die Pflasterung musste eine widerstandsfähige, wenig abnutzbare, aber auch leicht ausbesserungsfähige Oberfläche haben. Auf den viel begangenen Teilen der Keller, wo auch schwere Geräte zum Einsatz kamen, wurden daher Granitplatten verlegt; unter den Lagerfässern kamen dagegen Klinker zum Einsatz. Unter diesem Belag wurde eine mindestens 15 cm starke Kiesschicht zur Isolierung gegen das Erdreich angelegt, die besonders sorgfältig aufgebracht und festgestampft wurde.

Die Decken der Lagerkeller wurden üblicherweise als Tonnengewölbe konstruiert. Die Mauern, auf die sich das Gewölbe stützte, bezeichnete man als „Widerlager". Auf diese übten die Decken nicht nur einen senkrechten Druck, sondern auch einen seitlich gerichteten Schub aus. Auch aus diesem Grund mussten die Mauern ausreichend stark ausgeführt werden. Unterschieden wurden zwei Arten von Tonnengewölben, nämlich die „volle Tonne", die den gesamten Kellerraum überspannte, und die „Segmenttonne". Bei Letzterer wurde der Lagerkeller in Längsrichtung in mehrere, einzeln überwölbte Segmente aufgeteilt. Dies hatte zur Folge, dass bei gleicher Gesamthöhe der Räume die gewölbten Bereiche unter den Decken niedriger und damit gleichzeitig die Seitenwände höher waren. Dadurch konnte der Lagerraum besser ausgenutzt werden. Dafür war aber der Schub auf die Widerlagermauern größer, sodass diese noch stärker ausgeführt werden mussten als bei der vollen Tonne. Über den Kellerdecken wurde eine Schicht aus Steingeröll oder Kies von 15–20 Fuß (4,4–5,8 m) aufgebracht.

Die Höhe der Lagerräume betrug im Regelfall 4,5–5 m. Die Lagerfässer für das Bier wurden in verschiedenen Größen

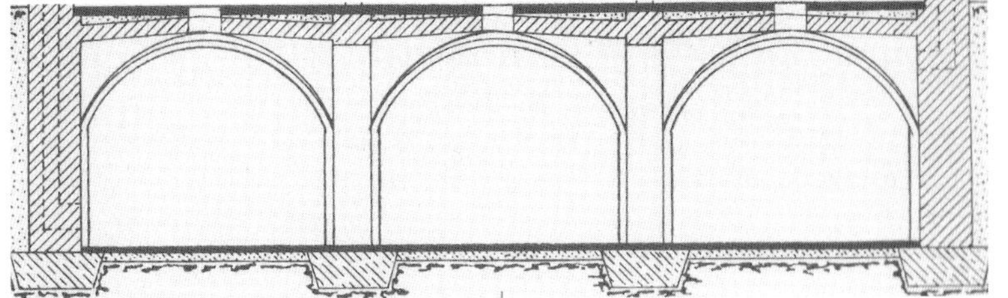

Deckengewölbe eines Bierkellers: Segment-Tonne

produziert, meist lag der Inhalt bei 30–60 Hektoliter (hl). Ein Fass mit beispielsweise 50 hl Inhalt hatte dabei einen Durchmesser in der Fassmitte von ca. 2,1–2,2 m bei annähernd gleicher Höhe. Die Fässer wurden gewöhnlich in zwei Lagen übereinander gestapelt. Dabei wurden die unten liegenden Fässer „Bodenfässer", die obenauf gestapelten Fässer dagegen „Satelfässer" genannt. Diese waren naturgemäß kleiner als die Bodenfässer. Letztere wurden auf einem Holzblock, dem sog. Ganter, auf dem Kellerboden gelagert. Als Ganter wird auch die Unterlage des Bierfasses beim Ausschenken bezeichnet. Der Ganterpreis schließlich ist der Preis, zu dem ein Wirt dem Brauer das Fass Bier abkaufen muss.

Alle Lagerfässer mussten – ebenso wie die Gärbottiche – regelmäßig aus- und eingekellert werden, das heißt die leeren Fässer und Bottiche mussten aus den Kellern nach oben zum Reinigen geschafft und die frisch befüllten Fässer unten im Keller wieder aufgestapelt werden. Diese Vorgänge waren außerordentlich personalintensiv: Zum sog. „Aufsatteln" der kleineren Fässer auf die Bodenfässer waren im Regelfall sieben bis zwölf Arbeiter notwendig (sog. Vorderleger, Hinterleger, Stangenreiter und Kerbler), die von den traditionell überlieferten Kommandos des ersten Vorderlegers dirigiert wurden. Die Auflage noch einer weiteren, dritten Reihe kam aus betrieblichen Gründen wegen der äußerst schwierigen Handhabung nicht in Frage. Zudem wäre die Kühlung der obersten Fässer nicht in gleichem Maße wie die der darunterliegenden gewährleistet gewesen, da dort die Luft naturgemäß wärmer ist.

Für das Anordnen der Lagerfässer gab es je nach Dimension des einzelnen Kellers verschiedene Möglichkeiten, wie wieder Wilhelm Fried, der auch Dozent für Baukunde an der königlichen Akademie für Landwirtschaft und Brauerei in Weihenstephan war, erklärte. „Die Fässer werden in der Walze oder im Schusse gelagert. Bei der Lagerung in der Walze werden die Fässer mit der Bodenseite gegen die Langwand [des Kellers] gerichtet in einer Reihe nebeneinander gelegt, gegenüber an die andere Langwand, und durch einen Gang von genügender Breite getrennt, kommt die andere Fassreihe ... Bei der Lagerung im Schuss wird der Raum besser ausgenützt, es ist aber der Verkehr im Keller etwas erschwert. Die Fässer werden mit ihrer Längenrichtung gleichlaufend mit der Längenrichtung des Kellers gelegt, es kann aber auch da noch die Anordnung in verschiedene Weise getroffen werden, so können nach der Breite des Kellers drei Bodenfässer mit nur ganz geringem Abstande von einander gelegt werden ...“

Während des Sommers mussten die in den Kellern aus den großen Lagerfässern befüllten kleineren Transport- oder Fuhrfässer für die Wirte, die sog. „Banzen“, nach oben befördert werden. Dies wurde mittels verschiedener Aufzugsysteme bewerkstelligt. „Als bessere Art von Aufzügen schildert uns Heiß jene, wo die Fässer auf einer Treppe ohne Windungen, also einer schiefen Ebene, auf- und abwärts befördert werden. Als beste jedoch nennt er senkrechte Aufzugsschächte, weil sich bei ihnen die kalte Kellerluft nicht so leicht mit der Außenluft vermischen konnte.“

Diese Aufzüge hatten sog. Göpelantriebe, das heißt von Pferden oder – seltener – von Ochsen betriebene Gewinde. Die Tiere liefen beim Rundganggöpel auf einer Kreisbahn und trieben das Göpelwerk mit einem Schwengel an. Dadurch konnten die Fässer auf- und abgelassen werden. Damit die mechanische Belastung für die eingesetzten Tiere so wenig wie möglich spürbar war, wurde der waagrechte Hebel, der sog. Schwenkbaum, besonders lang ausgeführt. Mehrere Meter waren üblich, was einen entsprechend dimensionierten Raum im Oberbau der Lagerkeller erforderte.

Das Befüllen der Transportfässer aus den großen Lagerfässern, die auch „Mutterfässer“ genannt wurden, nahmen die

Lagerkeller der Augustinerbrauerei an der Arnulfstraße mit Bierfässern

sog. „Abzieher“ vor, die ihr Handwerkszeug stets griffbereit in einem runden Korb neben sich auf einem kleinen Fass stehen hatten. Zuerst musste der Spund durchbohrt, der Zapfen mit einem Holzschlegel gelockert und dann mit dem Fasswechsel herausgeschlagen werden. Dieser musste anschließend rasch ins Bohrloch gestoßen werden.

An dem eingeschlagenen Wechsel, das heißt dem Zapfhahn, war ein Schlauch befestigt – für die oben liegenden Sattelfässer natürlich von entsprechender Länge –, über den die kleinen Banzen befüllt wurden. Für das Abtransportieren der Fässer aus dem Lagerkeller zu den Wirten war dann jeweils der hierfür eingesetzte „Bierführer“ zuständig, der den Göpelantrieb mit seinen eigenen Tieren bedienen musste. „Jeder Bierführer musste das auf der Banzenbrücke aufgeladene Geschirr durch Vorspann eines seiner Pferde selbst nach dem Keller und gefüllt wieder heraufbringen.“ Erst dann konnte er das frische Bier an die jeweiligen Gaststätten liefern.

Carl Wilhelm Dempp, Privatdozent der Mathematik und Baukunde an der Ludwig-Maximilians-Universität und, wie

Wilhelm Fried, Lehrer an der königlichen Baugewerksschule, war ein ausgewiesener Kenner der Bauweise von Münchner Bierlagerkellern. Er veröffentlichte unter anderem im Jahr 1843 eine Abhandlung über die erste Münchner Dampfbierbrauerei (errichtet von Franz Xaver Zacherl). Diesem Buch angehängt war eine „Zugabe, die bautechnische Beschreibung der bayerischen Sommer- oder Lagerbierkellergebäude enthaltend".

Durch die minutiöse Beschreibung und Beifügung detaillierter Planzeichnungen kennen wir heute noch den exakten Aufbau von zwei Münchner Bierkellern, die exemplarisch stehen für die verschieden dimensionierten Lagerstätten der Brauereien.

Hierlscher Keller

Das Ehepaar Josef und Kreszentia Hierl betrieb die Zengerbrauerei in der Burgstraße. 1841 wurde von ihnen am Gasteig ein neuer Keller für die Einlagerung des Sommerbiers erbaut. Dieser dient uns als Beispiel für einen typischen mittelgroßen Lagerkeller. Der hier verwendete Bautyp herrschte am Gasteig- und am Lilienberg im Osten der Stadt vor. Im Falle der Hierls betrug die Grundfläche ca. 19 x 31 m (589 m²). Die Außenmauern des Kellers waren äußerst massiv ausgeführt und wiesen eine Stärke von gut 1 m auf. Noch stärker dimensioniert war eine in gesamter Länge verlaufende Mittelmauer mit ca. 1,2 m Dicke, die den Keller in zwei Hälften teilte. Der Kellerboden lag gut 10 m unter der Erdoberfläche, die Höhe der beiden Gewölbe betrug an ihrem Scheitelpunkt 4,85 m. Im Erdgeschoss lag die sog. „Aufraith", ein Aufzug, mit dem die Fässer mittels eines Pferdegöpels hochgezogen werden konnten.

Die Fässer im Keller wurden im Schuss, also parallel zur Längsrichtung der Außenwände gelagert. Falls trotz der sorgfältigen Bauausführung die Feuchtigkeit zu stark wurde, konnten die Fässer erhöht gelagert werden. Durch intensives Auskehren des darunter niedergeschlagenen Wassers wurde die Nässe im Keller insgesamt erheblich gemindert. Diese Vorgehensweise führte dazu, dass die Hierlschen Lagerfässer deut-

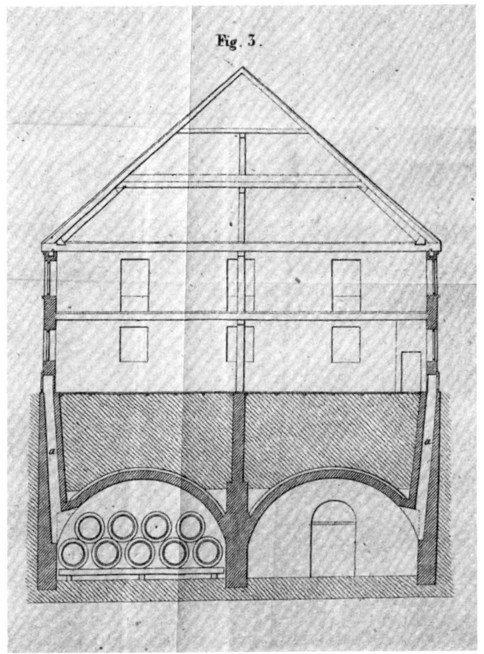

Beispiel für einen typischen Münchner Bierkeller: Hierlscher Keller am Gasteig (Kellerstraße), 1841

lich seltener als üblich neu „gebunden“, also die eisernen Fassreifen erneuert werden mussten, nämlich nur alle zwei bis drei Jahre. In einem feuchteren Kellerraum hingegen war diese kostenintensive Sanierung in jährlichen Abständen notwendig, weil die Fassreifen schneller korrodierten.

Alle 6 m waren insgesamt fünf Luftschächte in die Längswände eingebaut, die an den Außenseiten des Lagerkellers zu kleinen, ebenerdigen Öffnungen unterhalb der Erdgeschossfenster im Oberbau führten. Durch diese wurde im Winter die kalte Luft von draußen in den Keller geleitet. Im Sommer aber verschloss man die Schächte wieder und isolierte sie durch Auffüllung mit ein bis zwei Fuß (29–58 cm) Kies. Dieser wurde auf einem passgenau eingefügten, horizontalen Brett aufgebracht und konnte mit diesem im Schacht nach unten abgelassen werden. Allerdings sollte auch im Sommer die Möglichkeit bestehen, in kühlen Nächten einen kräftigen Frischluftzug einzuleiten. Dazu wurde ein weiterer Schacht eingebaut, der längs im oberen Teil der Mittelmauer verlief. Dieser konnte auf der Nordseite des Kellers geöffnet werden, sodass dann kühle Nachtluft in ihn einströmte und durch kleine, schräg nach unten führende Verbindungskanäle von hier aus in die beiden Lagerräume gelangte.

Eine zusätzliche Möglichkeit für den Luftaustausch stellten am oberirdischen Kellergebäude zwischen den eigentlichen Fenstern angebrachte, ca. 10 x 15 cm große Öffnungen dar. Diese konnten durch eigene „Guckerchen“ verschlossen werden und waren unter einem Vordach angebracht, das um den ganzen Kellerbau herum lief und die kleinen Öffnungen vor Sonneneinstrahlung schützte. Gleichzeitig wurde dadurch aber auch ein „bequemer Aufenthalte der zahlreichen Kellergäste“ geschaffen. Der Keller wurde zudem ringsum von Baumpflanzungen umgeben, die ihrerseits dazu beitrugen, die warme Luft abzuhalten. Außerdem luden diese natürlich auch die Gäste zum Verweilen in ihrem Schatten ein.

Bierfestung

Gänzlich andere Dimensionen wies der gigantische Sommerkeller des Joseph Pschorr auf, der damals unter allen Münchner Brauern derjenige mit dem mit Abstand höchsten Bierausstoß war. Entsprechend groß war sein Bedarf an geeigneten Lagermöglichkeiten für das Bier, das seine beiden Brauereien „Hacker“ und „Pschorr“ produzierten. Joseph Pschorr gab sich nicht mit dem Ankauf von mehreren kleineren Kellern zufrieden, sondern strebte mit einem Großprojekt eine dauerhafte Lösung seines Bierlagerproblems an. Er konnte ein geeignetes Gelände am südlichen Ende der heutigen Hackerbrücke ersteigern. Da an dieser Stelle bereits Sandgruben lagen, konnte er sich zudem einen Teil der Kosten für den Aushub der Baugrube sparen. Der Keller verschlang in seiner zehnjährigen Bauzeit dennoch die damals unvorstellbare Summe von 400 000 Gulden (was nach heutiger Kaufkraft vorsichtig geschätzt ca. 15 bis 20

Beispiel für einen typischen Münchner Bierkeller: Bierfestung, 1823

Millionen Euro entspricht). Darin konnten nun aber 60 000 Eimer Bier, also etwa 35 000 hl, einlagert werden.

Die Grundfläche des gigantischen Bauwerks betrug 80 x 61 m (4880 m^2) – der Keller der Pschorrschen Brauereien hatte somit die achtfache Grundfläche des zuvor beschriebenen Hierlschen Kellers. Das darüber errichtete oberirdische Gebäude ragte stolze 18 m in die Höhe, was dem massiven Bau im Münchner Volksmund den Namen „Bierfestung" eintrug. Die Ausmaße des Gebäudes waren so gewaltig, dass Pschorr mit seinem Fuhrwagen vierspännig einreiten konnte, wie Zeitgenossen staunend berichteten. Im Oberbau wurden die Fässer und Bottiche aufbewahrt. Je mehr sich der Lagerbiervorrat leerte, desto mehr füllten sich die Schuppen mit diesen „Requisiten". Schließlich wurden auch die Speicher unter dem Dach zur Einlagerung der leeren Fässer benutzt, in denen ansonsten die Braugerste bevorratet wurde. Zudem befanden sich in der Bierfestung auch die Privatwohnung der Brauerfamilie sowie eine Schenkstube für Gäste während des Sommerbierausschanks. Im Gegensatz zu den meisten Sommerkellern war die Bierfestung übrigens ringsum von Linden, nicht von Kastanien umgeben.

Der Kellerboden lag mit knapp 13 m im Vergleich zu anderen Bierkellern besonders tief im Kalkkiesgrund. Ungewöhnlich hoch war auch die Aufschüttung von 7 m Kies über dem Lagerkeller. In die Lagerräume führte eine Treppe mit 76 Stufen. Die Raumhöhe der Kellerabteile betrug etwa 5 m, die Gewölbedecke wies eine Stärke von ca. 60 cm auf. Sie wurde zusätzlich durch zahlreiche Gurte aus Eisen verstärkt, um das Gewicht der darüber liegenden Kiesschicht tragen zu können. Die überdurchschnittliche Raumhöhe der Keller ließ eine Lagerung von zwei Reihen gleich großer Fässer zu (statt wie üblich unterschiedlich großer Boden- und Sattelfässer). Die Fässer wurden in zwölf einzelnen Abteilungen gelagert, pro Kellerhälfte jeweils zwei parallel zur gesamten nördlichen und südlichen Wand sowie je zwei Abteile im Osten und Westen dazwischen. Diese Einzelkeller wurden ihrerseits durch dünnere Trennwände noch weiter unterteilt. Nach Befüllen der einzelnen Kellerabteile mit den Lagerfässern wurden sie vollständig verschlossen. Nur ein kleines „Kommunikationstürchen" blieb erhalten, durch das zwischendurch bei Bedarf die Fässer nachgefüllt werden konnten. Diese Anordnung hatte zur Folge, dass beim Öffnen einer einzelnen Unterabteilung die übrigen Räume nicht der eindringenden Sommerhitze ausgesetzt wurden.

Sehr teuer, aber überaus zweckmäßig war die Auspflasterung des gesamten Kellers. Dadurch wurde verhindert, dass die „zur besseren Erhaltung des Bieres beitragende kohlensaure Luft" in den Schottergrund eindringen konnte. Das Wasser, das sich in den Kellern zum Beispiel durch Kondensation oder beim Reinigen ansammelte, wurde in einer Senkgrube aufgefangen und regelmäßig abgepumpt, da in der Bierfestung wegen der Beschaffenheit des Untergrunds kein Ablaufkanal anzubringen war. Senkrechte Luftschächte von sechs Zoll Durchmesser (14,6 cm) innerhalb der Zwischenmauern dienten zur Belüftung. Durch diese Schächte konnten zudem die Lagerfässer mit Bier befüllt werden. Hierzu wurde das einzulagernde Bier in ein oberirdisches Reservoir gefüllt, von dem aus Schläuche über die Schächte in die Keller abgelassen und hierüber die Lagerfässer befüllt wurden. Wie beim Hierlschen Keller auch wurden die Belüftungsschächte in den Außenwänden, die zu den Fenstern im Erdgeschoss führten, im Sommer mit Sand und Holzkohle bis zur Erdoberfläche verschlossen und erst im Winter zur Abkühlung der Luft im Keller wieder geöffnet.

Im großzügigen Innenhof der Bierfestung wurden die Fässer auf ihrer Innenseite ausgepicht, also mit Pech bestrichen. Diese Schicht diente nicht der Dichtigkeit, sondern war aus hygienischen Gründen für die bessere Reinigung notwendig. Außerdem durfte Bier – im Gegensatz zu Wein – nicht in Kontakt mit dem Fassholz kommen, da sich sonst der Geschmack unangenehm verändert hätte. Die Fässer mussten regelmäßig wieder ent- und neu ausgepicht werden. Früher geschah dies in mühseliger und durchaus gefährlicher Handarbeit, später wurden hierzu eigene Pichapparate entwickelt. Gelegentlich konnte es vorkommen, dass sich ein Stück Pech von der Fassinnenseite löste und beim Ausschank im Keferloher Krug des Gastes landete: „Pech gehabt!"

Die Bierfässer konnten in jeder Kellerhälfte an zwei Stellen mittels einer Haspel auf- und abgelassen werden, eines walzenförmigen Apparats mit Kurbel, auf dem Seile aufgewickelt werden konnten, ohne sich zu verwirren. Auch beim Pschorrschen Keller waren diese Aufzugsschächte senkrecht angelegt, um ein Eindringen der warmen Luft zu vermeiden. Entsprechend zweckmäßig war es darüber hinaus, die Aufzüge nicht direkt in den eigentlichen Lagerkeller, sondern in einen separaten, vom Keller getrennten Vorraum zu führen. Die Zugänge zu den Lagerräumen waren dabei durch je drei etwa 60 cm hintereinander liegende Türen gesichert, um durch die Lufträume dazwischen eine zusätzliche Isolation zu schaffen. Für die notwendigen Begehungen des Kellers diente eine schmale Wendeltreppe neben einem der Bieraufzüge. Als Pschorrsche Besonderheit gab es neben dieser Treppe zusätzlich einen sehr kleinen engen Keller zur mehrjährigen Einlagerung von Bier und Wein. Die entsprechenden Flaschen wurden hierzu im Kellerboden in Sand eingegraben, was offenbar tatsächlich den Genuss des Inhalts auch noch nach vielen Jahren ermöglichte.

Münchner Bierpaläste

„Auf den Keller" zu gehen wurde beim Münchner Bürgertum immer populärer. Mitte des 19. Jahrhunderts galten die Lagerkeller neben anderen Etablissements offiziell als „Volksbelustigungsorte". Sie wurden regelmäßig von verschiedenen Vereinen für sog. Kellerfeste gebucht, die wegen ihrer Exzesse geradezu berühmt-berüchtigt waren. Für solche Großveranstaltungen waren entsprechend dimensionierte Säle notwendig, und die Hälfte aller 35 Münchner Saalbauten war im Jahr 1882 auf den Bierkellern zu finden. Die Brauer hatten die früheren einfachen Hallen auf ihren Lagerkellern zu jener Zeit längst abgerissen und an deren Stelle repräsentative palastartige großgastronomische Lokalitäten errichtet. Entweder wurden die innerstädtischen Brauereigebäude nach Verlagerung des Braubetriebes in die Münchner Außenviertel entsprechend umgebaut oder gänzlich neue Bierpaläste draußen auf den Lagerkellern errichtet. Diese Entwicklung beschrieb Friedrich Trefz in seiner 1899 veröffentlichten wirtschaftlichen und sozialen Studie über das Wirtsgewerbe in München. Dabei erwies er sich nicht nur als profunder Kenner der „Szene", sondern auch als stolzer, geradezu enthusiastischer Berichterstatter: „Diese mit allem modernen Komfort und Luxus versehenen, künstlerisch reich ausgestatteten großen Lokale sind von den Münchener Großbrauern teilweise an Stelle ihrer früheren Bierausschankstätten errichtet worden. Diese ... dürften ebenso wie die schon seit Jahren bestehenden großen Kellerhallen ... außerhalb Münchens mit Ausnahme Berlins kaum ihresgleichen finden."

Kein anderer Gastronomiebetrieb reichte im Hinblick auf Besucherzahlen und Umsatz auch nur annähernd an die Bierpaläste heran. Die Brauer verpachteten sie daher ausschließlich an besonders zuverlässige und erfahrene Wirte. Die zu den großen Kellerlokalen gehörigen Gärten galten als besondere Spezialität Münchens und waren unter der Bezeichnung „Keller" weltweit bekannt. Hier fanden beispielsweise die außerordentlich populären Militärkonzerte statt, die an schönen Tagen oft von mehreren Tausend Personen besucht wurden. „Bekannt ist überall, dass keine größere Veranstaltung in der bayerischen Hauptstadt ohne ein Kellerfest schließt, das in der Regel fremden Gästen die schönsten und nachhaltigsten Erinnerungen mit nach Hause gibt."

Bis zum Beginn des 20. Jahrhunderts wurden in München 20 Bierpaläste errichtet. Ihre dominante Architektur prägte das Stadtbild so nachhaltig wie zuvor nur die Sakralbauten und

Adelspaläste. Besonders die Architektenbrüder Gabriel und Emmanuel von Seidl bestimmten den Stil dieser Prachtbauten. Der Begriff des „Bierpalastes“ wurde wohl erstmals 1885 für das von Gabriel von Seidl in Berlin erbaute Spatenhaus gebraucht.

Gebrüder Seidl

Gabriel (1848–1913) und sein jüngerer Bruder Emanuel (1856–1919) waren Söhne von Therese Seidl, die wiederum die Schwester des großen Münchner Bierbarons Gabriel Sedlmayr des Jüngeren war. Beide Söhne studierten Architektur und waren für die Errichtung zahlreicher Villen und Großbauten wie dem Gärtnerplatztheater oder dem Deutschen Museum in München verantwortlich.
Den Schlüsselbau für eine ganze Generation von im Stile der deutschen Renaissance gehaltener Gebäude errichtete Gabriel Seidl 1879/80 mit dem „Deutschen Haus", das er für die Spatenbrauerei seines Onkels erbaute. Diesen Baustil behielten die Brüder auch bei den zahlreichen Bierpalästen wie dem Arzberger Keller an der Nymphenburger Straße oder den Augustiner Großgaststätten in der Neuhauser Straße bei. Er wurde für die Zeitgenossen zum Inbegriff einer „Architektur der Gemütlichkeit", die vor allem im Gegensatz zu den in Marmor und Gold gehaltenen, als prahlerisch empfundenen Biersälen in Berlin stand.
Emanuels wohl prachtvollstes Privathaus errichtete er in Garmisch für den Komponisten Richard Strauss, der seinerseits ebenfalls aus einer Münchner Brauerdynastie stammte (er war der Urenkel von Joseph Pschorr). Beide Brüder wurden (Gabriel 1900, Emanuel 1906) in den Adelsstand erhoben.

Als ausführende Baufirma der Münchner Bierpaläste tat sich meist „Heilmann & Littmann“ hervor. Sie beherrschte die gerade aufgekommene innovative Monierbauweise, eine Vorläuferin des Stahlbetonbaus. Die so errichteten Tonnengewölbe konnten erstmals riesige Hallen mit über 1000 m² Grundfläche

Festsaal des Hofbräuhauses am Platzl, erbaut von Heilmann & Littmann

überspannen. Zentrales Element eines jeden Bierpalastes war eine große Festhalle, die den früheren „Saletteln" zumindest nachempfunden, aber wesentlich prunkvoller ausgestattet war. Die Wände wurden entweder holzgetäfelt oder mit prächtigen Wandmalereien gestaltet. Die Scheitelhöhe der Hallen konnte bis zu 13 m betragen. Während sich diese festlich dekorierten Säle ausnahmslos im Obergeschoss befanden, wurde als Gegenpol ebenerdig eine weitere Halle eingeführt. In dieser „Bierschwemme" durften die Gäste – wie in den Biergärten auch – ihr eigenes Essen mitbringen. Die Zecher mussten sich ihr Bier an der Schänke holen und ihre Krüge selbst ausspülen. „Jeder muss sich im Sommer selbst bedienen, vor allem sich einen Steinkrug zu erobern suchen, den er am Brunnen ausspült. Nun muss man sich die auf dem Zinndeckel eingravierte Nummer merken und mit dem abgezählten Gelde in der Hand (für eine Maß) zum Zapfen gehen, dort nimmt ein Bräuknecht Krügel und Geld in Empfang und ruft nach einer Minute die Nummern der eingelieferten, nun gefüllten Maßkrüge laut aus, indem er dieselben mit einem Schneller auf den Tisch vorschiebt. Wer nicht gleich scharf zupackt, riskiert Krug und Inhalt zu verlieren."

Weiterhin verfügten die meisten Bierpaläste über einen sog. „Kneiphof", der in die – nach dem Umzug des eigentlichen Brauereibetriebes zu den neuen Sudstätten am Stadtrand nun brachliegenden – Innenhöfe eingebaut wurde. Dieser wurde oft im Stile der Zeit romantisiert: Zinnen und andere Burgelemente wie Hochterrassen, Treppen und Brunnen zierten die Höfe. Wie in den früheren einfachen Biergärten der Lagerkeller spendeten häufig Kastanien Schatten und machten die Kneiphöfe vor allem im Sommer zu beliebten Orten der Erholung und des Biergenusses.

Schließlich wurden für die gutbürgerliche Klientel auch Gasträume mit gehobener Ausstattung eingerichtet, meist untergliedert in Haupt- und Nebenräume. Die bessere Gesellschaft konnte in diesen „Bräustuben" unter sich bleiben und in ruhiger, gediegener Atmosphäre an gedeckten Tischen und bei größerer Auswahl an Speisen ihre sozialen Kontakte pflegen. Letztlich fand durch diese vielfältigen Möglichkeiten zum Bierkonsum praktisch jede Schicht der Bevölkerung ihren Platz in den Bierpalästen. Dies hatte zur Folge, dass diese vor allem an Feiertagen oder am Abend immer stärker frequentiert wurden. Trefz hierzu: „Es ist interessant, von Wirten Klagen darüber zu vernehmen, dass der Arbeiter, der kleine Geschäftsmann, der Bedienstete usw. zwar während der Arbeitsstunden sein Frühstück und Vesperbrot von ihm beziehe, dass er auch mittags zur Einnahme eines billigen Mittagsmahles sein Lokal aufsuche, aber besonders abends, dann an Sonn- und Feiertagen und bei anderer Gelegenheit mit Vorliebe die besser ausgestatteten großen Etablissements aufsuche und somit den Hauptverdienst dem Großbetrieb zuwende."

Um die für Bierkneipen neuartige Kundschaft der besseren Kreise und vor allem auch der damals sehr populären Künstler an die Bierpaläste zu binden, wurde erstmals eine Art Erlebnisgastronomie erfunden. Musikdarbietungen und Kegelbahnen ebenso wie die gerade neu aufgekommenen Filme lockten zahlreiche Gäste an. Ein Münchenbesuch zur damaligen Zeit war nicht mehr denkbar, ohne wenigstens einen Abend in einem der Bierpaläste verbracht zu haben.

Das kalte Kellerbier

Vergnügungsangebote hin oder her, ohne ein anständig gelagertes und damit kühles Bier hätten auch die Bierpaläste ihre Kundschaft nicht halten können. Die ausgeklügelte Bauweise der Lagerkeller allein konnte zwar bereits eine relativ gleichbleibend niedrige Temperatur garantieren. Dennoch erwärmten sich die Keller im Sommer vor allem bei der Entnahme des Biers zum Teil zu schnell, so dass die kritische Grenze von 10 bis 12° C überschritten werden konnte. Die Brauer waren deshalb weiter auf der Suche nach zusätzlichen Kühlmethoden für ihre Keller. Dabei setzten sie anfangs auf natürliche Kühlmöglichkeiten und nutzten einfache physikalische Erkenntnisse. Später aber machten technische Innovationen die Brauer letztendlich unabhängig von klimatischen Gegebenheiten.

Durch die immer bessere Kühlung stieg die Qualität des „Münchner Bieres" stetig an und wurde zu einem Markenzeichen, das den Aufstieg des Brauwesens zum wichtigsten Wirtschaftszweig Münchens ermöglichte. Zur Wende zum 20. Jahrhundert führten die Brauereien unangefochten die Liste der Münchner Unternehmen an. Sie waren die Betriebe mit der höchsten Anzahl an Beschäftigten und dem ebenfalls höchsten Umsatz aller Branchen. Erst mit dem Ausbruch des Ersten Weltkrieges und den folgenden wirtschaftlichen Schwierigkeiten kam es zum nachhaltigen Rückgang des Brauwesens.

Natürliche Kühlung

Die Bierkeller am Gasteig und im Westen von München waren durch ihre Anlage tief unter der Erde zu allen Seiten hin zwar gut isoliert. Jedoch musste das Bier, das während der kalten Jahreszeit eingelagert worden war, im Sommer aus dem Keller an die Wirte geliefert werden. Der neuralgische Punkt war dabei die Öffnung des Lagerkellers bei der Entnahme der Bierfässer, wodurch die warme Sommerluft in den Keller eindringen konnte. Deshalb dachte man sich Methoden aus, um die Zufahrten vor direkter Sonnenbestrahlung zu schützen. Hierzu wurde das Umfeld der Bierkeller großzügig mit den bis dahin in München noch weitgehend unbekannten Kastanien bepflanzt. Diese spendeten durch ihre großen Blätter besonders viel Schatten. Als Flachwurzler stellten sie andererseits für die unterirdischen Kellerbauten keine Gefahr durch ihr Wurzelwerk dar. Ein weiterer Vorteil der Kastanien bestand darin, dass sie nicht von Blattläusen befallen wurden, die ansonsten ein klebriges Sekret auf die Zufahrtswege zu den Bierkellern hätten herunterregnen lassen.

Bevor man sich überhaupt Gedanken darüber machen konnte, wie die Kälte im Keller zu halten war, musste man dort erst einmal diese kalten Temperaturen erreichen. Während der Frostperiode im Winter wurden die Keller zunächst ausgekühlt, das heißt alle Türen und Fenster des Oberbaus wurden weit geöffnet. Die schwerere kalte Luft sank durch die zahlreichen Luftschächte in den darunter liegenden Lagerkeller ab, was diesen schließlich vollständig durchfrieren ließ. „Dagegen ist es sehr zweckmäßig, ... an Frosttagen eine starke Abkühlung, Reinigung und Austrocknung ... vorzunehmen, was sich leicht bei Anlagen mit gegenüberliegenden Öffnungen – seitlicher Zugang und oberer Füllöffnung – durch den dann entstehenden starken Luftdurchzug gründlich bewerkstelligen lässt." So die praktische Anweisung von Carl August Menzel und Alfred Schubert in einer Publikation zum Bau der Eiskeller aus dem Jahr 1903.

In der warmen Jahreszeit wurden dann alle Öffnungen zu den Kellern hin fest verschlossen, oftmals sogar zugemauert. Dadurch sollte ein Eindringen der warmen Luft verhindert werden. Besonders wichtig war dabei auch die Gestaltung der Zugänge zu den Kellern: „Zu dem Zweck ist ein mindestens 1,25 m langer und 1 m breiter Vorraum anzulegen, in welchem zwei oder drei Türen hintereinander anzuordnen sind, welche dicht schließen müssen und auf ihrer inneren Seite mit Torfmull- oder Strohhäcksel-Matratzen gefüttert oder mit Korksteinplatten bekleidet werden. Durch die Anlage eines solchen Vorraumes ist man ... in der Lage, die innerste Tür erst dann zu öffnen, wenn die eine oder beide äußeren Türen wieder geschlossen sind."

Anfänge der Natureiskühlung

Allerdings war auch dieses Vorgehen kein Garant für eine dauerhafte Kühlung des Biers im Sommer, weil oftmals im Winter die notwendigen niedrigen Temperaturen nicht über einen ausreichend langen Zeitraum zu erreichen waren, wie Fritz Sedlmayr anmerkt: „... noch [1819] war man darauf angewiesen, die Keller während der Winterzeit durch Öffnen der zahlreichen zu diesem Zwecke eingebauten Luftschächte tüchtig ausfrieren zu lassen, was aber so schon nicht in jedem Jahr gelang, und die aufgespeicherte Kälte dann solange wie möglich schonendst zu erhalten." Um dieses Problem zu lösen, ging man ab ca. 1830 dazu über, im Winter Eis in die Keller einzubringen. Das Einlagern desselben zur Kühlung von Lebensmitteln war bis zu Beginn des 19. Jahrhunderts ausschließlich dem Adel beziehungsweise vermögenden Grundbesitzern vorbehalten gewesen. Daher befanden sich in Bayern Eiskeller bis dahin nur auf dem Grund von Schlössern oder größeren Gutshäusern.

Die Kosten für den Bau eines „Eiskellers" – die Aushebung der Baugrube und deren Ausbau mit massiv gemauerten Wänden – waren enorm. Da die Brauer jedoch bereits über ihre unterirdischen Bierlagerkeller verfügten, konnten sie dort einen Teil der Lagerfläche für die Eiseinlagerung opfern. Zusätzliche reine Eiskeller leisteten sich nur die wenigsten Brauer.

Die scheinbar auf der Hand liegende Kühlung mit Eis war hingegen lange Zeit höchst umstritten. Franz Andreas Paupie, der Reformator des Böhmischen Brauwesens, schrieb in seinem 1821 veröffentlichten Werk „Die Kunst des Bierbrauens": „Alle Ärzte bestätigen es uns, dass das Bier aus einem gewöhnlichen Keller viel gesünder als jenes aus einem Eiskeller sei, und ich brauche daher keine Beweise anzuführen, warum man sich, besonders jene, die so schwach auf der Brust sind, vor dem Eisbiere hüten sollen ... "

In München wurde am 18. Dezember 1798 von der Oberlandesregierung eine Konferenz einberufen, bei der geprüft werden sollte, ob die Aufbewahrung von Fleisch in Eiskellern unschädlich sei. Erst im Laufe der Zeit wurden die Bedenken gegen eine künstliche Kühlung des Bieres weniger.

Anfang des 18. Jahrhunderts war eine sehr einfache Form der Eiskühlung in Gebrauch, die „Eismiete". An einem schattigen Platz wurde eine Vertiefung im Boden mit Kies ausgefüllt, danach eine Lage aus Reisig und Stroh aufgebracht und darauf das mit Stroh und Erde abgedeckte Eis gelagert. Zum Herausholen des Eises musste diese Ummantelung geöffnet werden. Vorteil dieser anfangs verbreiteten Methode war es, dass der Erd-Stroh-Mantel bei zunehmendem Abschmelzen nachgab und auf diese Weise die Bildung von Hohlräumen vermieden werden konnte.

Teurer war die Aushebung einer „Eisgrube" mit Kies am Boden, um das Schmelzwasser abzuleiten. Die Wände wurden hier gemauert, das Eis auf einem Bretterboden gestapelt. Überdacht wurde mit einem einfachen Holzaufbau, auf dem eine mehrere Meter hohe Strohschicht aufgebracht wurde.

Mitte des 18. Jahrhunderts begann man mit dem Bau von „Eishäusern" aus Holz. Ursprünglich „Russische Eiskeller" genannt, änderte sich der Name im Lauf der Zeit in „Amerikanische Eiskeller", denn dort war dieser Typ der Eislagerung am stärksten verbreitet. Problematisch war die Gefahr der Fäulnis auf der einen und der Brennbarkeit auf der anderen Seite. Die Firma „Wilhelm Lesti, Baugeschäft in Thalkirchen bei München" stellte im Jahr 1910 „oberirdische Eiskeller amerikanischen Systems aus Holz und Haspelmoorer Isoliermulle" in Serie her. Später wurden Eishäuser auch gemauert, wobei diese Konstruktion wesentlich teurer war. Der Lagerraum für die Lebensmittel lag unterhalb des Eisraumes, der bis zum Vierfachen des Lagervolumens umfasste.

Die aufwändigste Art, Eis einzulagern, war der Bau von „Eiskellern". Um Kosten zu sparen, wurden diese auch partiell oberirdisch angelegt, wobei der aus dem Erdboden ragende Teil dann von einem Erdhügel abgedeckt wurde. Diese Hügel wurden bei gutsherrlichen Landhäusern häufig malerisch in das sonstige Garten-Ensemble als Aussichts- oder Ruhepunkte eingearbeitet.

Eis in Münchner Bierkellern

Als erster hat vermutlich der allen technischen Neuerungen stets aufgeschlossene Spatenbräu Gabriel Sedlmayr der Ältere mit der Eiskühlung begonnen. Sein gleichnamiger Sohn erinnerte sich später, dazu den Anstoß gegeben zu haben. Auf der ausgedehnten „Spionagereise" durch England habe er neben Saccharometer und Thermometer auch die Verwendung von Eis in den englischen und schottischen Brauereien kennengelernt. Fast 50 Jahre später schrieb er an seinen Freund Georg Holzner: „Ich brauche Ihnen nur nicht auseinanderzusetzen, mit wie ganz anderen Augen wir von jetzt an den Gärungsprozess und dessen Behandlung betrachten, ... und wie infolge davon bei unserer Untergärung die Eisverwendung Eingang fand."

Allerdings mag den großen Münchner Brauer hier seine Erinnerung im Nachhinein getäuscht haben, da zu jener Zeit in England die untergärige Brauweise gänzlich unüblich und auf Grund der klimatischen Gegebenheiten auch die Anwendung von Natureis zweifelhaft erscheint. Wie dem auch sei, in München ließ sein Vater Gabriel Sedlmayr der Ältere in seinen Kellern jedenfalls große hölzerne Bretterverschläge errichten, in die das Eis gefüllt wurde. Aus einem Brief vom 30. Mai 1838 heißt es über die Kästen, die damals bereits seit einigen Jahren im Einsatz waren: „Als eine besondere Wohltat betrachten wir auch jetzt die Eiskästen in den Sommerkellern, nämlich viereckige Kästen von Brettern zusammengeschlagen, die von allen vier Seiten frey stehen und im Winter bey strenger Kälte mit Eis angefüllt werden; dieses Eis dient dann hauptsächlich dem Keller eine niedrigere Temperatur zu erhalten. Wir haben bereits in allen unseren Kellern dergleichen Eiskästen, und erhalten dadurch nie über 5° R (6,3° C), selbst im Oktober haben wir nie über 5° R. Das Eis macht keine Feuchtigkeit im Keller, im Gegenteil scheint es selbe zu verzehren, denn so lange wir es haben, sind unsere Keller trockner als zuvor."

Diese Art der Eiskühlung mittels eisgefüllter Kästen war in München auch die am weitesten verbreitete. Auf eine Kellerfläche von 800 Quadratfuß (ca. 68 m^2) wurde eine Eismenge von acht bis zehn „zweispännigen Fuder" Eis (ca. 6,2–7,7 m^3) benötigt. Die Eiskästen wurden so aufgestellt, dass eine möglichst gleichmäßige Kühlung der Keller gewährleistet war. Gleichzeitig wurde durch die freie Aufstellung der Kästen im Raum ein Niederschlag des sog. Schwitzwassers, das beim Abschmelzen des Eises entsteht, reduziert. Die Bretterwände wurden gegen den Druck der Eisblöcke mit Holzgerüsten abgestützt. Wegen der besseren Kälteleitung an die umgebende Luft wurden die Eiskästen später mit Wänden aus Wellblech versehen. Aus Briefen von Gabriel Sedlmayr von September und Dezember 1833 erfahren wir, „dass das Eis im Arzbergerkeller herrliche Dienste geleistet habe. In allen Kästen sei noch ein wenig davon übriggeblieben, die eine volle Abteilung habe beim Aufmachen vor 10 Tagen [das heißt am 25. August] nur 5° R (6,3° C) und die leeren Abteilungen immer nur 7° R (8,8° C) gehabt."

Ab etwa 1840 wurden bei der Spatenbrauerei die Eiskästen in Durchbrüche zwischen zwei Kellerabteile eingebaut, so dass ein Kasten jeweils zwei Abteilungen kühlen konnte.

Eine deutlich teurere Art der Eisaufbewahrung war die Errichtung eigener gemauerter Eiskeller. Zwischen Eis- und Lagerkeller wurde dort eine Mauer errichtet, die Öffnungen für den Luftdurchgang enthielt. In deren Mitte befand sich eine starke verschließbare Tür von „sechs Fuß im Geviert"(ca. 0,5 m^2), die bei Bedarf etwa zur Hälfte geöffnet wurde. Darüber wurde eine weitere, kleinere, anfänglich leicht zugemauerte Öffnung von ein bis zwei Quadratfuß eingebaut, die gegebenenfalls aufgebrochen werden konnte. Die Höhe der Eiskeller überragte dabei die der Lagerkeller. Die Verbindungen zwischen den beiden Kellern wurden erst geöffnet, „als bis die Temperatur im Bierkeller anfängt sich zu erhöhen".

Anfänglich wurde das Eis nur an den Stirnseiten der Keller in eigenen Kammern hinter dem Lagerraum des Bieres eingebracht, die deshalb „Stirneiskeller" genannt wurden. Dies war die am weitesten verbreitete Anordnung in München. Der Grundgedanke war, wie Wilhelm Fried ausführte, „dass die Lagerabteilung mit der einen Stirnwand an die Eiskammer anstößt, während die andere Stirnwand, welche die Eingangstüre enthält, an den Vorkeller anschließt ... Frische Luft kann durch entsprechende Luftschächte eingeführt und die verdor-

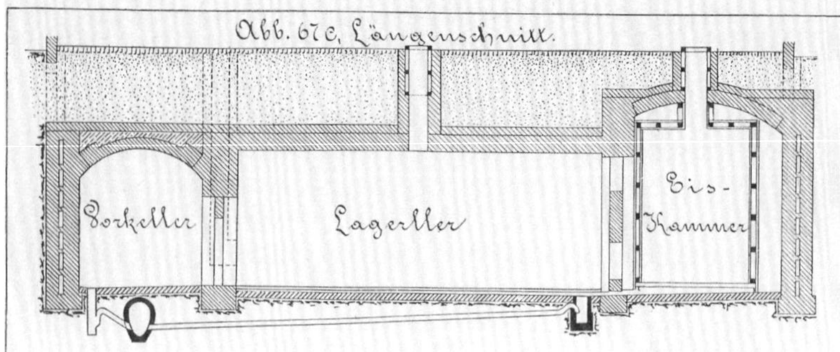

Längsschnitt eines Stirneiskellers, um 1900

bene Luft abgeleitet werden.“ Der Eiskeller sollte dabei immer ein Viertel des Rauminhaltes des von ihm aus zu kühlenden Raumes haben.

Bei einem „Mitteleiskeller“ wurde entsprechend der Eisraum ringsum von Lagerkellern umgeben, bei einem „Seiteneiskeller“ befand sich der Eiskeller zwischen zwei Lagerkellern. Vereinzelt umrundete man die Bierkeller sogar ganz mit den Eiskellern. Auch hier musste etwa ein Viertel des gesamten Raumangebotes für die Eislagerung veranschlagt werden. Jedoch wurde nicht nur nach dieser „reinen“ Lehre gebaut. Vielfach wurden die Eiskeller, die ja meist erst nachträglich in bereits bestehende Lagerkeller eingebaut wurden, je nach den baulichen Gegebenheiten eingeplant.

Der Eisbedarf der Münchner Brauereien stieg in den folgenden Jahrzehnten kontinuierlich an. Im Sudjahr 1868/69 hatte die Spatenbrauerei einen Bedarf von fast 17 000 t Eis bei einer Sudmenge von knapp 23 200 hl, also umgerechnet 72 kg Eis pro Hektoliter Bier.

Während der nächsten Jahre wurden immer neue Techniken entwickelt, um die Keller zu kühlen beziehungsweise das Eis einzubringen. Zur Ableitung des Schmelzwassers und des Schwitzwassers, das an den Wänden und Decken kondensierte, wurde ein ausgeklügeltes Leitungssystem in den Kellern untergebracht. Ansonsten hätte das Heruntertropfen des Wassers das

Eiskeller-System Braynard

Bereits in den 1820-er Jahren kam der Gedanke auf, Eisbehälter obererdig aufzustellen, also oberhalb der zu kühlenden Räume. Von Siemens wurden derartige Behälter konstruiert, die aber keine Nachahmung fanden. Ende des 19. Jahrhunderts wurde diese Idee wieder aufgegriffen. „Man war sich darüber einig, dass die Eisabteile besser über dem Lagerkeller eingerichtet werden sollten, als seitwärts oder innerhalb der Keller selber."

Der Amerikaner E. D. Braynard entwickelte ein 1874 patentiertes System, bei dem das Eis auf eisernen Trägern gelagert wurde, unter denen ein zickzackförmiges Eisenblech angebracht war. Dies erhöhte zum einen die Abkühlungsfläche um über 50 %. Zum anderen wurde das abtropfende Kondenswasser in eigens angebrachten Holzrinnen abgeführt, was ein vorzeitiges Schmelzen des Eises verhinderte. Zudem konnte die Luft in diesen Eiskellern fortwährend deutlich trockener als in konventionellen Kellern gehalten werden. Unter dem Eisraum lag der Gärkeller, von dem aus die kalte Luft in den darunter gelegenen Lagerkeller geleitet wurde.

In München allerdings fanden derartige Eiskeller keine Anwendung, da vor allem die Baukosten durch die notwendige massive Ausführung der Kellerdecken im Vergleich zu den anderen Kellern wesentlich höher lagen. Da das Eis einen unglaublichen Druck ausübte, ergaben sich erhebliche Anforderungen an die Statik des Gebäudes. Ein 10 m hoher Eishaufen zum Beispiel bewirkte einen Bodendruck von knapp acht Tonnen auf einen Quadratmeter.

Schmelzen des restlichen Eises beschleunigt. In den Märzenkellern der Spatenbrauerei wurde das anfallende Schmelzwasser aus den Eiskellern über Blechröhren in die Lagerkeller und von dort über im Boden verlegte, bedeckte Rinnen zum Eingang der Keller geleitet. Hier wurde das Wasser in einem Behälter aufgefangen, der dann bedarfsweise geleert wurde.

Welche aufwändigen Vorbereitungen für die fachmännische Kühlung der Bierlagerkeller mit Natureis erforderlich waren, beschrieb Wilhelm Fried in seiner Anleitung zum Bau der Eiskeller sehr detailliert. Das Einbringen des Eisvorrates sollte demnach möglichst an einem einzigen Tage erfolgen. Um die kalte Luft aus dem Eis- in den Bierlagerkeller zu leiten, bediente man sich auch hier des einfachen Systems, dass kalte Luft nach unten sinkt. Bei den Eiskellern wurden in die Trennwände zu den Lagerkellern schlitzartige, verschließbare Wandöffnungen dicht über dem Boden angebracht, durch die die kalte Luft in die Lagerkeller strömte. Dies wurde durch eine zusätzliche Neigung des Kellerbodens unterstützt. Die sich an den Fässern und den Außenwänden erwärmende Luft stieg dann nach oben und gelangte durch hochgelegene Öffnungen in den Trennwänden wieder in den Eiskeller, wo sie sich erneut abkühlte. Über gut regulierbare Dunstschlote konnte Frischluft eingeführt und die verbrauchte Luft aus den Kellern nach oben abgeleitet werden. „… bei allen Eiskühlungen wird man die Öffnungen in den Scheidewänden zwischen Lagerraum und Eiskammer mit einer Klappenanordnung versehen, um den Luftumlauf genau regeln und nach Bedarf ganz einstellen zu können, weil durch richtige Behandlung der Lüftungs- und Kühlungseinrichtung sehr viel an Eis gespart werden kann."

Das Eis musste möglichst kompakt und lückenlos aufeinander gestapelt werden können, um einen Verlust durch Schmelzen zu vermeiden. Besonders geeignet waren gleichmäßig dick zersägte Stücke, die leicht zu einem festen Verbund aufgepackt werden konnten. Kleine verbliebene Zwischenräume wurden mit Eisstücken dicht aufgefüllt. Standen nur unregelmäßige, kleinere Eisblöcke zur Verfügung, wurden sie beim Einbringen noch weiter zerkleinert. Jede Schicht wurde mit einer Handramme festgestampft. Zwischen die Schichten wurde Salz gestreut und der ganze Eishaufen am Schluss mit Wasser übergossen. Alternativ hierzu wurde das Eis durch eigene Schächte in die Keller geworfen. Durch die Wucht des Aufpralls zerbarst es in winzige Stücke, die dann durch das Gewicht des nachfallenden Eises ebenfalls zu einem soliden Block zusammengedrückt wurden.

Während der Frostperiode wurden alle Türen des Eiskellers geöffnet, damit der Eishaufen fest zusammenfror, wodurch er eine wesentlich geringere Angriffsfläche gegen die warme Luft bot. Auch konnte diese nicht in das Innere des Eisblockes eindringen, der damit deutlich langsamer schmolz als ein lose aufgeschichteter Eishaufen. Ebenso wichtig war es, den Eiskeller nahezu vollständig auszufüllen, damit möglichst wenig Restluft im Raum verblieb. Bevor er verschlossen wurde, bedeckte man das Eis noch mit einer Isolierschicht aus Torfmull oder Stroh. „Dem Einpacken des Eises in die Eiskammern ist besondere Aufmerksamkeit und große Sorgfalt zuzuwenden ... Bedingung ist, das Eis nicht unmittelbar auf den Boden des Behälters zu legen, es soll immer ein Lattenrost angeordnet werden, welcher um 15–20 cm über dem eigentlichen Boden liegt, damit das Schmelzwasser leicht und vollständig abfließen kann ... dann kann man es auch mit kaltem Wasser begießen zur Bildung eines geschlossenen Blockes."

Eine optimale Luftzirkulation war nicht nur zur gleichmäßigen Kühlung der einzelnen Keller notwendig, sondern auch um Schimmelbildung zu verhindern. Das eingebrachte Natureis wurde ja aus normalem, ungefiltertem Oberflächenwasser gewonnen, das zu jener Zeit durch eingeleitete Fäkalien oft stark mit Keimen belastet war und dadurch Schimmelbildung begünstigte. War Gabriel Sedlmayr der Ältere zunächst noch der Ansicht, das Einbringen von Eis würde die Keller sogar trockener als zuvor halten, stellte im Allgemeinen die hohe Luftfeuchtigkeit durch das Abschmelzen des Eises eine große Herausforderung dar. Damit diese Feuchtigkeit reduziert werden konnte, mussten die Belüftung der Keller und die Entwässerung durch zahlreiche Kanäle und Schächte optimal geregelt werden. Die Anforderungen an einen guten Lagerkeller stiegen dadurch immer weiter an, so dass in der Königlichen Baugewerkschule das „Kellerwesen" sogar als eigenes Fach offiziell gelehrt wurde.

Joseph Pschorr ließ zur besseren Isolierung seine Kellerböden nochmals um drei Schuh (knapp 90 cm) ausgraben und durch eine Schicht aus Lehm und Letten (sandigem Ton) ersetzen. Dazu waren mehrere Tausend Fuder „Laim" notwendig. Zusätzlich zu den zehn einzelnen Lagerkellerabteilen wurden zwei eigene Eiskeller eingerichtet. In einem Brief an seinen Sohn drückte Gabriel Sedlmayr der Ältere im Dezember 1833 angesichts dieser gewaltigen Eiskelleranlagen seine Befürchtungen über diese Konkurrenz lakonisch wie folgt aus: „... dann wird um München herum nit mehr so viel Eis wachsen: es ist also darauf angelegt, dass das Bier ... mehrere Jahre sich halten soll."

Das Arbeiten in den Lagerkellern war für die Beschäftigten der Brauereien nicht ungefährlich und körperlich sehr anstrengend. Während der warmen Jahreszeit konnte in den Sommerkellern praktisch kaum eine Lufterneuerung erfolgen, da die Außenluft die Keller zu stark erwärmt hätte. Allenfalls in kühlen Frühlingsnächten wurden noch kleine Fenster geöffnet, bei Tag aber sofort wieder sorgfältigst verschlossen. In einer vom Deutschen Brauer-Verband in Auftrag gegebenen Untersuchung aus dem Jahr 1901 heißt es: „Im ... Lagerkeller, wo eine stetige, sehr starke Entwicklung von Kohlensäure vor sich geht, und wegen der Erhaltung gleichmäßiger Temperatur eine Lüftung fast nie stattfindet, leiden die Atmungsorgane ganz besonders."

Eisernte

Im Jahr 1880 riet der Brauer- und Mälzerkalender: „Mit Eis stopf' Deine Keller voll, wenn Dir Dein Bier gelingen soll." Denn der Eisbedarf einer Münchner Großbrauerei um die Wende zum 20. Jahrhundert betrug ca. 500 000 Ztr. jährlich, zum Teil aber auch noch deutlich mehr. Dies bescherte zahlreichen Bauern im Münchner Umland während des Winters zusätzliche Einkünfte. Aus den zugefrorenen Seen schnitten sie Eisblöcke und lieferten sie nach München. Auch die Brauereien investierten in eigene Eisweiher, die sie in der Nähe des Stadtgebietes anlegten. Derartige Natureiswerke benötigten keine besonderen technischen Vorhaltungen; notwendig war lediglich die Anlage eines geeigneten flachen Teiches. Die „Ernte" begann in dem Moment, in dem das Eis die nötige Festigkeit für das Tragen der Eisstecher und der Pferde erreicht hatte. Zunächst musste die Oberfläche von Schnee und Verunreinigungen befreit werden, Eishobel dienten anschließend zur Glättung.

Natureisgewinnung im Nymphenburger Schlosspark

„... bei Vorhandensein einer festen Eisdecke [wurde] diese in Tafeln zerteilt, was durch Zersägen oder mittels der Axt, ... beim Großbetrieb durch einen Eispflug geschieht", so Carl August Menzel und Alfred Schubert.

Der Pflug bestand aus einer Abfolge von immer größeren Metallzacken, die sich tiefer und tiefer in die Eisdecke gruben. Allerdings musste darauf geachtet werden, dass noch kein Wasser durchdringen konnte. Auf diese Weise wurde ein Schachbrettmuster von etwa einem Meter Seitenlänge erzeugt. Anschließend wurden Löcher durch die Eisdecke gebohrt und die einzelnen Blöcke in Längsrichtung mittels grobzahniger Eissägen zerschnitten. Diese großen Riegel wurden dann mit Eishaken ans Ufer geflößt beziehungsweise gezogen. Dort wurden sie mit speziellen Zangen aus dem Wasser gehievt und entlang der Querrillen in gleichmäßige Blöcke gespalten.

Das Ausstechen der Eisblöcke war eine gefährliche und extrem schwere körperliche Arbeit und erforderte eine große Zahl von kräftigen Männern. Auch in den Natureiswerken der

Brauereien war die Eisgewinnung eine personalintensive Angelegenheit: „Während zwei Mann Eis hauen, zwei weitere das Eis herausziehen und wegschieben und zwei Mann das Eis ausladen, sind schließlich noch zwei Mann zum Hineinreichen und Schichten desselben im Eisbehälter erforderlich."

Die Eisblöcke wurden entweder vor Ort eingelagert oder direkt verladen und anschließend nach München transportiert. Die Fuhrwerke machten sich frühmorgens bereits lange vor Sonnenaufgang auf den Weg, damit die Sonnenstrahlen nichts von der kostbaren Ladung vernichten konnten. Bisweilen stauten sich Dutzende von Gespannen vor den Brauereien an.

Königliches Eis

Auch der „Märchenkönig" Ludwig II. profitierte vom Eisbedarf der Münchner Brauer. Er ließ sowohl den „Äußeren Canal" (der heutige Nymphenburger Kanal zwischen den beiden Auffahrtsalleen) als auch den „Inneren Canal" (auf dem Gelände des Schlossparks) zur Eisernte verpachten. Die Eisflächen wurden in Lose eingeteilt und unter den Brauern versteigert. 1873 bildeten die Vertreter fünf großer Münchner Brauereien (Georg und Matthias Pschorr vom Pschorr- beziehungsweise Hackerbräu, Gabriel Sedlmayr vom Spatenbräu, Joseph Wagner vom Augustinerbräu und der Geschäftsführer der Löwenbräu-AG Louis Kuhles) ein Versteigerungskonsortium für die damals sechs zur Verfügung stehenden Eisflächen, um ein Hochtreiben der Preise zu verhindern. In dem im Stadtarchiv München befindlichen Nachlass von Fritz Sedlmayr gibt es einen entsprechenden Vertrag zwischen dem verantwortlichen „Königlich Bayerischen Obersthofmarschall-Stab" und den Brauern. In diesem wurde auch geregelt, dass der Eisabtransport aus dem Kanal auf der Nordseite zu erfolgen habe. Weiter heißt es darin: „Hierzu wird bemerkt, dass für den Fall, dass seine Majestät der König an dem einen oder anderen Tage den Hofgarten Nymphenburg besuchen sollten, sowohl das Arbeitspersonal als auch die Transportwagen für diese Zeit aus dem allerhöchsten Gesichtskreise ferne zu halten sind."

Durch eine Reihe von mehreren relativ milden Wintern hintereinander wurde allerdings die Versorgung mit Eis immer aufwändiger und teurer. Durch das fehlende Angebot im Umfeld mussten sich die größeren Brauereien an die ortsansässigen „Vereinigten Münchener Eiswerke AG" wenden. Diese bezogen ihr Eis dann zum Beispiel aus der Salzburger Gemeinde Leogang bei Zell am See. Dort wurden vom Gletscher des Birnhorns (2634 m) mit Dynamit Blöcke zu 100–200 Ztr. abgesprengt und anschließend auf einer über 1,5 km langen Holzrutsche ins Tal befördert. Dieses Eis wurde dann in kleineren Einheiten mit der Eisenbahn nach München transportiert. Das Eisfeld war so ergiebig, dass es tausende von Waggons füllen konnte. So gewonnenes Eis war spätestens am zweiten Tag nach der Abtragung bereits bei den Brauereien angekommen, erhöhte die Produktionskosten aber natürlich immens. Eine weitere Quelle für die Versorgung in eisarmen Wintern waren der Egel- und der Längsee am Thierberg bei Kufstein, von wo sich zum Beispiel die Spaten- und die Franziskaner-Leist-Brauerei ihr Eis 1866 besorgten. Auch andere Gemeinden wie Bernau, Oberaudorf und Rosenheim konnten von der Eisnot der Münchner Brauer profitieren. Viel Eis bezogen damals die Brauer in eisarmen Wintern auch vom Magistrat der Stadt München aus der Isar und ihren „Altwässern". Das Eis wurde in Fuhren (eine Fuhre = 24 Ztr. à 56 kg, also etwa 1,3 t) geliefert, für die sowohl der Wagenbesitzer als auch der Eispächter je einen Gulden erhielten.

Kältemaschinen

Der wie sein Vater technikbegeisterte Brauer Gabriel Sedlmayr der Jüngere war es, der dem Münchner Pionier auf dem Gebiete der Kunsteisproduktion, Carl Linde, den nötigen Spielraum verschaffte, um in der Spatenbrauerei 1873 den Prototyp seiner Eismaschine aufzustellen. Linde (1842–1934), trotz seiner jungen Jahre damals bereits außerordentlicher Professor für Maschinenkunde an der Polytechnischen Schule München (heute

Technische Universität), war der erste, der sich der Technik der künstlichen Kälteerzeugung von einer streng wissenschaftlichen Seite her näherte.

Kunsteisforschung

Erste Versuche mit Kältemaschinen wurden in den USA bereits seit den 1840er-Jahren unternommen, aber ohne kommerziellen Erfolg. Erst 20 Jahre später gelang es dem französischen Ingenieur Ferdinand Carré, eine Maschine für den Routinebetrieb zu entwickeln. Öffentlich präsentiert wurde diese auf der Londoner Weltausstellung von 1861. Carré nutzte die Eigenschaft von Wasser, das gasförmige Kühlmittel Ammoniak aufnehmen und dadurch verflüssigen zu können. Bei der anschließenden erneuten Verflüchtigung des Ammoniaks wurde die Umgebung stark abgekühlt. Dadurch entstand eine auf –10° C gekühlte Salzlösung, die in Rohren durch Wasser geleitet wurde und damit Kunsteis erzeugte. Derartige Maschinen wurden als „Absorptionsmaschinen" bezeichnet.
Die Anfang der 1870er-Jahre am weitesten verbreiteten Kältemaschinen waren aber sog. „Kaltdampfmaschinen". Die Erzeugung von Kälte geschah dabei durch die Verdichtung von verschiedenen Kühlmitteln, die bei der anschließenden Wiederausdehnung beziehungsweise beim Übergang in den Gaszustand der Umgebung Wärme entzogen. Franz Windhausen nutzte dabei normale Luft, die komprimiert und wieder expandiert wurde. Eine Alternative stellte die Maschine vom Typ Siebe dar, bei der Diethylether als Kühlmittel Verwendung fand. In der Schweiz und Frankreich war die Kältemaschine von Raoul Pictet verbreitet, die mit einem Gemisch aus Schwefel- und Kohlensäure betrieben wurde. Problematisch bei diesen Techniken war die hohe Störanfälligkeit der Pumpenmechanik sowie zum Teil die Toxizität der verwendeten Lösungen.

Linde war nun vor allem bemüht, ein besseres Kühlmittel als die bisher verwendeten zu finden und die Mechanik der Maschinen zu verbessern. Er hatte 1870/71 in der Braufachwelt durch die Veröffentlichung von Artikeln Aufsehen erregt, in denen er ausführte, dass aus wärmetheoretischen Gesichtspunkten die bisher erhältlichen kommerziellen Kältemaschinen nur 10 % ihrer möglichen Leistung erreichten. 1873 hielt er auf der ersten Internationalen Brauversammlung in Wien einen Vortrag, in dem er eine gegenüber den Kältemaschinen vom Typ Windhausen, Siebe oder Carré deutlich kostengünstigere und leistungsfähigere Maschine in Aussicht stellte. Zu deren Realisierung seien aber entsprechende Versuche in der Praxis notwendig. „Der hohe Grad von Intelligenz, von Untersuchungsgeist und Streben nach Vervollkommnung, wie er gerade unter den Vertretern der Bierbrauerei sich findet, bürgt dafür, dass die jugendliche Kälteerzeugungsindustrie, die jetzt noch sehr der Stütze bedarf, bald ihrerseits zu einer Stütze der Bierbrauerei heranwachsen werde."

In Gabriel Sedlmayr fand Linde genau diesen technikinteressierten und Innovationen offen gegenüberstehenden Brauer, der auf eigene Rechnung seine weiteren Forschungen zur Kältetechnik finanzierte.

Im Spatenbräu an der Marsstraße wurde schließlich Lindes erste Kältemaschine aufgestellt und zum Jahreswechsel 1873/74 in Betrieb genommen. Anstelle von Diethylether verwendete Linde (Chlorid)Methylether als Kühlmittel wegen der geringeren Explosionsgefahr. Da es damals noch keine Stahlflaschen für Flüssiggastransporte gab, musste der Äther in Schwefelsäure gelöst werden, in Korbflaschen in den Maschinenraum gebracht und langsam in Wasser gegossen werden, um das Gas wieder freizusetzen. Die Leistung der Maschine war zwar zufriedenstellend, nicht aber die Handhabung. Sie war sehr störanfällig und musste ständig beaufsichtigt werden. Letztlich kam es trotz des geänderten Kühlmittels zur Explosion des Prototyps. Aber nicht einmal dadurch ließen sich Sedlmayr und Linde abschrecken – sehr zum Leidwesen des ersten Maschinisten der Spatenbrauerei, der bei einer der zahlreichen Störungen der Kältemaschine kopfschüttelnd zum Sohn Sedlmayrs meinte: „Gibt er's jetzt noch nicht auf?"

Bei der nächsten Generation von Kältemaschinen benutzte Linde Ammoniak als Kühlmittel, was schließlich den Durchbruch brachte. Dadurch konnte sich seine Maschine als industrietaugliches Gerät durchsetzen. Die erste Ammoniakmaschine, gebaut von der Maschinenfabrik Augsburg (spätere MAN), wurde mit der legendären Fabrikationsnummer „Nr. 1" versehen. Die Rohre mit dem verdampfenden Ammoniak kühlten ein sie umspülendes Salzwasserbecken stark ab. In diesem befanden sich Blechbehälter mit Süßwasser, das dadurch gefror. Dieses Kunsteis konnte mechanisch entnommen werden und ersetzte das bisherige Natureis in den Eiskästen oder -kellern der Spatenbrauerei.

Einige Jahre später begann man, die Lagerkeller künstlich mittels eines Rohrsystems in Form von an den Raumdecken hängenden Röhrenbündeln zu kühlen, durch das die von den Kältemaschinen gekühlte Salzlösung geleitet wurde. Neben den geringeren Kosten hatte dies den Vorteil, dass die bisherigen Eiskeller nun wieder als zusätzliche Lagerkeller für das Bier genutzt werden konnten. Die Verbundenheit von Linde und Sedlmayr zeigte sich darin, dass sowohl die Kältemaschine mit der Seriennummer 1000 als auch die mit der Nummer 10 000 ebenfalls in der Spatenbrauerei aufgestellt wurden. Zur Einweihung der Letzteren im Jahr 1922 reiste sogar der 80 Jahre alte und inzwischen geadelte Geheimrat Carl von Linde persönlich an.

Die übrigen Münchner Brauer sprangen aber keineswegs begeistert auf den Zug der künstlichen Kühlung auf. Erst über ein Jahrzehnt später kam es zu einer allmählichen Verbreitung der Eismaschinen nach dem Typ Linde. Viel zu groß waren zuvor die Ängste der Brauer vor einem Totalverlust ihrer Ware, also dem wirtschaftlichen Ruin im Falle eines Versagens dieser technischen Neuerung. Praktisch keine Münchner Brauerei verließ sich daher völlig auf die modernen Kühlmaschinen. Eigene Eisweiher waren weiterhin fester Bestandteil eines Brauereibesitzes und das Einlagern von Natureis wurde noch bis in die 1930er-Jahre, teilweise bis zum Jahr 1950 fortgeführt. Die Löwenbrauerei beispielsweise kaufte noch 1896 in Moosach ein eigenes Eiswerk mit einem 5000 m^2 großen Weiher. Dort konnten 215 000 Ztr. Eis eingelagert werden; letztmals wurde hier 1929 Eis entnommen, später wurde der Weiher zugeschüttet.

Die Kellerstadt auf dem Gasteig

Zum Bau ihrer außerstädtischen Lagerkeller richteten sich die Augen der Münchner Brauer zunächst auf den nahegelegenen Gasteigberg auf der anderen Isarseite. Im Jahr 1748 wurde erstmals dem Hallmaierbräu aus dem Tal dort eine Genehmigung zum Bau eines Bierkellers erteilt. Der links an der heutigen Rosenheimer Straße gelegene kleine Keller besaß nur eine Fläche von ca. 135 m². Ein richtiger Boom der Kellerbauten fand dann erst in der zweiten Hälfte des 18. Jahrhunderts statt. Das Errichten der Keller war den Brauern damals ausdrücklich in einem Dekret von Kurfürst Maximilian III. Joseph vorgeschrieben worden: „Viele Brauer haben auf Anordnung des Kurfürsten mit großen Kosten außerhalb der Stadt neue Keller gebaut ... Wer dort noch keinen Keller hat, soll einen bauen oder mieten."

Über 50 Keller wurden innerhalb weniger Jahre entlang der Inneren Wiener, der Preysing-, der Keller- und der Rosenheimer Straße errichtet. Neben diesen Kellerbauten gab es dort nur ganz vereinzelt andere Gebäude wie zum Beispiel das Leprosenhaus oder die Städtische Versorgungsanstalt.

Nahezu jede der damals noch 54 bürgerlichen Münchner Brauereien hatte schließlich einen Keller am östlichen Isarhochufer angelegt. Mit Fug und Recht kann man also von einer in sich geschlossenen, zusammenhängenden „Kellerstadt" am Gasteig sprechen. Dicht an dicht lagen die Oberbauten der Lagerkeller nebeneinander, stets in Nord-Süd-Richtung ausgerichtet. Alle Keller wurden zunächst, wie aus den früheren Stadtplänen ersichtlich ist, mit deutlichem Abstand zu den Straßen errichtet. Wo Letztere nahe beieinander lagen, befanden sich die Lagerkeller also jeweils etwa in die Mitte der Grundstücke, die damals von einer Straße zur nächsten reichten. Dadurch konnte die Zufahrt zu den Kellern leichter gestaltet werden. Neben den Kellergebäuden befanden sich nach Osten hin nur Wiesen und freies Feld. Der Minutoverschleiß im Sommer fand im Freien vor den zunächst noch höchst einfach gehaltenen, hölzernen oberirdischen Bauten der Lagerkeller statt. Erst

Die Kellerstadt auf dem Gasteig, 1850

im Laufe der Jahre wurden die Keller auf Grund des immer mehr zunehmenden Platzbedarfs zur Bierlagerung zu den Straßen hin erweitert. Den Anfang machte hier 1811 Jakob Floßmann vom Lodererbräu, der seinen Keller (Nr. 13 auf dem Plan oben) bis an die Preysingstraße hin verlängerte.

Bis heute tragen die Schleibinger- und die Stubenvollstraße die Namen zweier ehemaliger Brauereien. Auch die Kellerstraße erinnert an diese für München so prägende Zeit, als vom Tagelöhner bis zum Kommerzienrat alle Einwohner in Scharen vor die Stadt auf die von Kastanien beschatteten Keller strömten.

An Hand der Grundstücksgrenzen kann man heute noch die Lage der Bierkeller im nördlichen Teil dieser einstigen Kellerstadt nachvollziehen. Da die einzelnen, oft nebeneinander liegenden Keller im Regelfall jeweils unterschiedlichen Brauereien gehörten, wurden später auch die Grundstücke einzeln veräußert. Dadurch wurden die heutigen Gebäude meist innerhalb der Begrenzungen der ehemaligen Kellergrundstücke erbaut. Die Keller gruppierten sich um die (heutige Innere) Wiener, die Preysing- und die Kellerstraße. Im Jahr 1850 lagen hier folgende Märzenkeller *(Adresse und Betriebsdauer der zugehörigen Brauereien sind in Klammern angeführt)*:

Wiener Straße, Nordseite

- Den Anfang machte hier nach den Gebäuden des ehemaligen Leprosenhauses um die Nikolaikirche herum der (1) Magistratskeller;
- es folgten drei Lagerkeller des (2, 3, 4) Faberbräus *(Sendlinger Str. 12, 1397–1920)*, wobei die ersten beiden direkt benachbart waren, der dritte aber schon nahe des Wiener Platzes lag.

Wiener Straße, Südseite

- Gleich am Anfang lag der (5) Hallerbräukeller *(Neuhauser Str. 9, 1490–1859)*;
- nach der Abzweigung der Stubenvollstraße befand sich an der Ecke zur Preysingstraße der (6) Wagnerbräukeller *(Neuhauser Str. 21, 1515–1864)*;

- weiter entlang der Wiener Straße folgte zunächst direkt an der Straße ein Viererblock aus den Kellern von (7) Thorbräu *(Tal 37, 1563–1858)*, (8) Unterkandlerbräu *(Neuhauser Str. 15, 1499–1847)* und zwei nebeneinanderliegenden Kellern (9) und (10) vom Büchlbräu *(Theatinerstr.*, 1527–1868);
- von der Straßenfront in die Grundstückmitte zurückgesetzt schloss sich eine Zeile direkt benachbarter Keller folgender Brauereien an: (11, 12) Leistbräu mit zwei Kellern, dann – nach einem nicht als Keller genutzten Gebäude – (13) Lodererbräu *(Klosterhofstr. 2, 1596–1866)*, (14) Hascherbräu *(Sendlinger Str. 6, 1471–1859)*, (15) Schützbräu *(Sendlinger Str. 8, 1372–1851)* und (16) Metzgerbräu *(Tal 26, 1482–1885)*;
- nach einem Parkgrundstück bildeten die größeren nebeneinanderliegenden drei Lagerkeller von (17) Eberlbräu *(Sendlinger Str. 8, 1540–1920)*, (18) Kapplerbräu *(Kardinal-Faulhaber-Str. 14, 1522–1852)* und (19) Thorbräu den Abschluss dieses Kellerareals.

Preysingstraße

- Am Beginn des Dreiecks, das durch die Preysing- und die Kellerstraße gebildet wird, befanden sich die beiden nebeneinander liegenden (20, 21) Dürnbräukeller *(Tal 19, 1482–1819)*.

Kellerstraße

- Hier befanden sich noch drei weitere, isoliert liegende Keller gleich am Beginn der Straße: je ein Keller des (22) Franziskanerklosters, des (23) Hallerbräus und des (24) Dürnbräus;
- ein gutes Stück weiter stadtauswärts lag gegenüber der heutigen Holzhofstraße der größere Märzenkeller des (25) Zengerbräus *(Burgstr. 4, 1490–1880)*, nach seinem Bräu Xaver Hierl auch Hierlscher Keller (s. Kapitel „Das kalte Kellerbier“) genannt.

Die größte Dichte an Bierkellern wurde aber entlang der Rosenheimer Straße erreicht. Auf den etwa 800 m vom Gasteig stadtauswärts lagen Tür an Tür die Keller folgender Brauereien:

Rosenheimer Straße, Nordseite

- Direkt am Beginn der Straße, an der Ecke zum Gasteig, befand sich der Aufstieg zum Keller des (26) Sterneckerbräus *(Tal 38, 1557–1919)*, der auf einer Anhöhe hinter dem Hotel „Salzburger Hof" lag; seine Reste wurden zusammen mit diesem Hotel 1934/35 abgerissen (die Rosenheimer Straße wurde damals als Zubringer zur neu erbauten Salzburger Autobahn großzügig ausgebaut);
- etwas weiter stadtauswärts folgte der alleinstehende und, wie der Sterneckerbräukeller, ebenfalls etwas zurückgesetzt und erhöht liegende Keller des (27) Hofbräus *(Platzl 9, 1589–heute)*;
- im Anschluss daran lagen sieben Lagerkeller verschiedener Brauereien direkt nebeneinander: als erstes zwei Keller des (28, 29) Maderbräus *(Tal 7, 1482–1945)*, dann zwei (30, 31) Leistbräukeller und zwei (32, 33) Schützbräukeller, am Abschluss dieser Kellerzeile schließlich der Lagerkeller des (34) Hallmayrbräus *(Tal 27, 1527–1855)*.

Rosenheimer Straße, Südseite

- Hier begannen die Lagerkeller gegenüber dem Hotel „Salzburger Hof" mit dem (35) Hallmayrbräukeller, der aber 1851 bereits nur noch als Eiskeller genutzt wurde;
- es folgte der alte, große Kellerbau des (36) königlichen Hofbräus: Der Maurermeister Caspar Trisberger hatte hier einst drei Märzenkeller erbaut, die nach ihrer Fertigstellung 1775 von der damals noch kurfürstlichen Hofkammer für das Hofbräuhaus erstanden und zusammengelegt wurden; dieser Lagerkeller war der Hauptkeller des Hofbräus bis zur

Lagerkeller an der Rosenheimer Straße (Südseite), Vorläufer der Münchner Kindl-Brauerei

Vollendung des Brauereiumzugs an die Innere Wiener Straße 1896;
- direkt daneben lagen zwei durch eine schmale Gasse getrennte Keller des (37, 38) Menterbräus *(Rosenstr. 12, 1522–1852)*;
- mit diesem zweiten Menterbräukeller begann eine besonders lange Abfolge dicht an dicht gebauter Keller, und zwar: zwei Keller des (39, 40) Singlspielerbräus *(Sendlinger Str. 29, 1541–1880)*, dann je ein Lagerkeller von (41) Schleibingerbräu *(Theatinerstr. 3, 1584–1872)* und (42) Kapplerbräu, anschließend zwei Keller des (43, 44) Augustinerbräus *(Neuhauser Str. 2, 1328–heute)* sowie je ein Keller des (45) Menterbräus, (46) Hofbräus und (47) Maderbräus; heute zweigt danach rechts eine Seitenstraße ab, die ihren Namen von den beiden hier an der Ecke gelegenen Lagerkellern des (48, 49) Schleibingerbräus ableitet; sie markierten das Ende dieser damaligen „Kellermeile" an der südlichen Rosenheimer Straße.

Erwähnt sei noch, dass der Stadtmaurermeister Franz Xaver Widmann, der den größten Teil dieser Keller auf eigene Kosten erbaut hatte, sein Sommerhaus im Anschluss an diese letzten Keller errichtet hatte: „Da aber die meisten Brauer nicht die Mittel hatten, so baute der Maurermeister Widmann am Gasteig und an der Rosenheimer Straße einen kleinen Keller neben den anderen und verkaufte oder verpachtete diese an die Bräuer".

Hochstraße

- Folgte man dem Isarhochufer entlang der Hochstraße (bis 1857 Fürstenstraße) nach Süden, so lag hier der große Märzenkeller des (50) Stubenvollbräus *(Unterer Anger 26, 1557–1852)*;
- in größeren Abständen folgten dann die ausgedehnten Kelleranlagen der Franziskaner- *(Residenzstr. 9, 1363–heute)* sowie der Salvatorkeller der Paulanerbrauerei *(Neuhauserstr. 16, 1456–heute)*.

Der Plan der Kellerstadt auf dem Gasteigberg von Gustav Wenng, auf dem die Übersichtspläne auf S. 76, 84 und 86 basieren, entstand um das Jahr 1850.

Gustav Wenng

Auf 88 Blättern fertigte Gustav Wenng im Maßstab 1:2500 über drei Jahre hinweg (1849–1851) eine äußerst detaillierte Beschreibung der Hauptstadt München an. Er vermerkte dabei nicht nur die Straßen und Gebäude, sondern auch die Grund- und Hausbesitzer. Er benutzte hierzu die Flurkarten des Steuerkatasters sowie die Steuerlisten der Stadt München. Der „Topographische Atlas Von München In Seinem Ganzen Burgfrieden Dargestellt Und Bearbeitet In 88 Sectionen Im 2,500 Theiligen Maass-Stabe" wurde von ihm selbst herausgegeben und für sieben Gulden und 30 Kreuzer verkauft. Es handelte sich dabei vor allem um ein repräsentatives kartographisches Werk, das für wohlhabende Bürger sowie staatliche Behörden konzipiert worden war. Wenng bezeichnete sich selbst als der „Stadt Kartograph", um den Absatz seines Werkes nach Kräften zu fördern.

Zur Zeit Wenngs war bereits das große Brauereisterben in München im Gange. Infolge der Umsetzung des Biersatzregulativs (in Kraft 1811–1865) schlossen 43 Brauereien, die ihre Ursprünge meist bis ins Mittelalter zurückverfolgen konnten, in diesen

Jahren für immer ihre Pforten. Damit bestand für sie aber auch kein Bedarf mehr für ihre Bierkeller. Dies erklärt, warum auf dem Wenng-Plan etliche Brauereien bereits mehrere Keller besaßen. Diese hatten sie von den untergegangenen Betrieben übernommen. Zudem kann man zwischen den Kellern (12) und (13), die zur Inneren Wiener Straße zählten, deutlich einen weiteren, nicht beschrifteten Keller zählen. Dieser gehörte der Hascherbrauerei, die im Jahr 1859 in Konkurs ging. Dieser Keller war wegen der wirtschaftlichen Schwierigkeiten der Brauerei bereits 1850, als der Wenng-Plan erschien, nicht mehr in Betrieb und herrenlos.

Die Bierburgen im Münchner Westen

Im Münchner Westen begann der Kellerbau erheblich später als am Gasteigberg. Erst zu Beginn des 19. Jahrhunderts wurden hier die ersten Baugruben ausgehoben. Was den Bauplan der Bierkeller anbelangt, zeigten die Keller im Westen signifikante Unterschiede zu denen im Osten. Hier konnten wegen der großzügigeren Platzverhältnisse die Zufahrten zu den Kellern durch langgestreckte Vorbauten nach Osten hin angelegt werden. Dies bewirkte, dass die Wärme im Sommer besser abgehalten und im Winter die kalten Ostwinde effektiver in die Keller eingeleitet werden konnten. Am Gasteigberg hingegen waren die Keller nahezu ausnahmslos in Nord-Süd-Richtung ausgerichtet. Vor allem an der Rosenheimer Straße waren daher überhaupt keine Vorbauten möglich, und im restlichen Bereich der Kellerstadt waren diese nur sehr klein ausgeführt.

Da damals das Brachland zwischen dem westlichen Hochufer der Isar und der Stadt noch nahezu unbebaut war, stellten die Kellerbauten im Münchner Westen einen weithin sichtbaren architektonischen Akzent dar. Im Jahr 1828 wurde die städtische Kellersteuer auch auf die außerhalb der Stadt gelegenen Lagerkeller ausgedehnt. Fritz Sedlmayr beschrieb den damaligen Anblick dieser Bauten, „mit denen an Größe, von öffentlichen Gebäuden abgesehen, überhaupt keines der inneren Stadt sich messen konnte ... Überhaupt sahen sich von höherem Standpunkte aus diese Keller wie die übriggebliebenen Teile einer alten Stadtbefestigung an."

Um sich eine Vorstellung vom Erscheinungsbild der Kellerbauten im Münchner Westen zu machen, sei der Reiseschriftsteller Ludwig Steub aus dem Jahr 1841 zitiert: „Wer sich unter dem Sommerkeller eines Münchener Bräuers etwa einen Keller vorstellen wollte, wie ihn die übrige Welt auch hat, der läge in einem großen Irrtum. Es sind dies keine von jenen kleinen Grüften, wo die Hausfrau ihre Weinfässchen aufstapelt und ihr Flaschenbier, etwas Kartoffeln nebenher für den Winter und ein

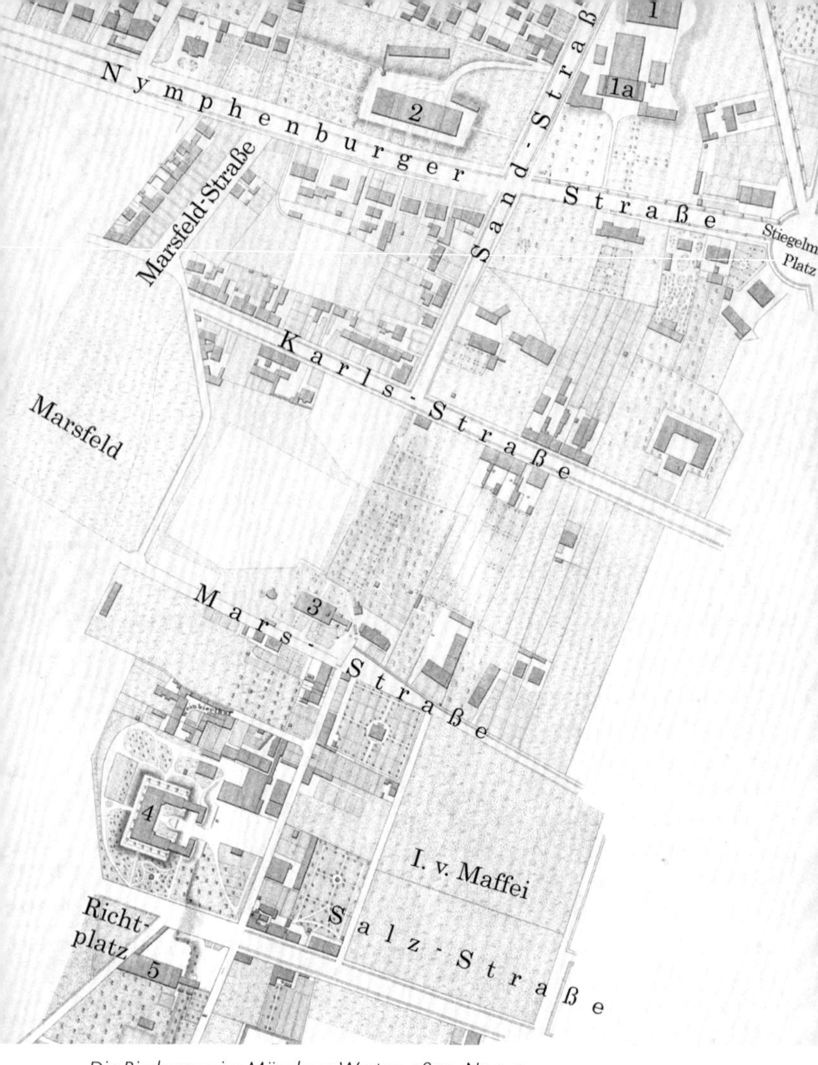

Die Bierburgen im Münchner Westen, 1850, Nr. 1–5

paar aromatische Käslaibe, sondern vielmehr ungeheure Gewölbe, in die man allenfalls vierspännig einfahren kann, und die auf ihrem Rücken mächtige Gebäude, wie Edelsitze und Schlösser tragen, welche weit rankende Arme ausstrecken, mit

Sommerwohnungen für den Eigentümer, kühlen Hallen für die Hundstage und netten, gemalten Zimmerchen für die ‚Abonnierten'. Diese Burgen stehen in einem weiten Gehöfte, das gar Mannigfaltiges auszuweisen hat. So vor allem die vielen, vielen Ruhebänke für die labedurstigen Gäste, malerisch auf die schönsten Plätze hingestellt, unter das Dach alter Linden oder stolzer Kastanienbäume. Ferner gehört ein kleiner Wald dazu, durch welchen einsame Kiespfade ziehen oder auch die breite Heerstraße für die Bierwagen. Im Gehölze aber finden sich Blumengärtchen, ein paar verliebte Lauben, ein paar geheimnisvolle Eremitagen und endlich auch eine wundervolle Aussicht auf die blauen Züge der fernen Alpen."

Die großen Keller lagen wie Perlen auf einer Schnur aufgereiht alle entlang der Hangkante des westlichen Isarhochufers. Die Bierlagerstätten der zwölf Brauereien, die hier Keller errichteten, verteilten sich vom heutigen Stiglmaierplatz im Norden bis zur Theresienwiese im Süden.

Löwenbräukeller

1824 erwarb der Löwenbräu Georg Brey ein damals weit vor den Toren der Stadt an der Nymphenburger Straße gelegenes Gelände. Dieses befand sich oberhalb des sog. Unterwiesenfeldes. Dort legte er zwei große Lagerkeller (1, 1a auf Plan S. 84) sowie ein oberirdisches Gebäude an.

In den Jahren 1846 bis 1851 wurde dann die gesamte Löwenbrauerei von der Löwengrube an die Nymphenburger Straße verlegt. Sie war die erste Münchner Brauerei, die 1872 die Rechtsform einer Aktiengesellschaft annahm. Nach Plänen von Professor Albert Schmidt, der schon die Lukaskirche am Mariannenplatz sowie die Hauptsynagoge entworfen hatte, wurde der Prachtbau des Löwenbräukellers errichtet und 1883 eröffnet. Dessen Turm beherrscht seither den Stiglmaierplatz. Zehn Jahre später wurde er nach Plänen des Stararchitekten Friedrich von Thiersch nochmals erhöht und der übrige Kellerbau erweitert. Die zweigeschossige Festhalle, ursprünglich von Schmidt

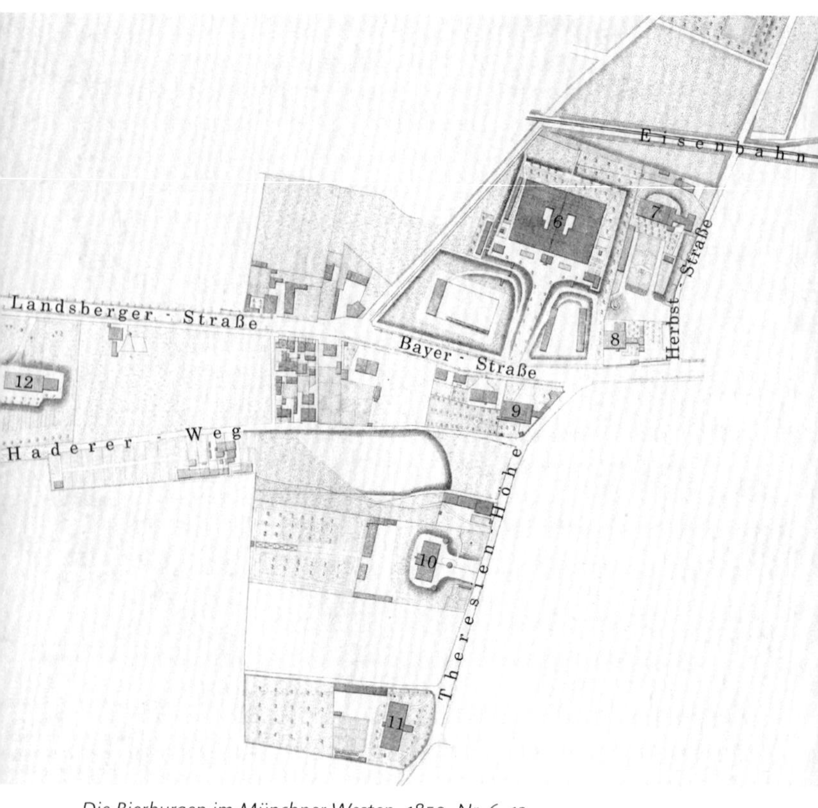

Die Bierburgen im Münchner Westen, 1850, Nr. 6–12

mit 564 m² angelegt, wurde 1906 auf stolze 913 m² erweitert. Der Löwenbräukeller war der erste Bierpalast, der auf die gestiegenen Bedürfnisse der Bürgerschaft gezielt einging: Tischdecken und Servietten gehörten zur Standardausstattung, außerdem mussten die Gäste ihre Bierkrüge nicht, wie sonst üblich, selbst per Hand spülen.

1928/29 überschritt die Löwenbrauerei die Grenze von einer Million Hektoliter gebrauten Biers – ein Ausstoß, den die Brauerei nach den verheerenden Zerstörungen im Zweiten Weltkrieg erst 1964/65 wieder erreichen sollte. Nach dem Krieg

Georg Brey

1784 als Sohn eines Bauern in Aidling bei Murnau geboren, war für ihn als Kind aus zweiter Ehe eine Übernahme des Hofes nie in Aussicht gestanden. Daher zog er als 15-Jähriger nach München, um dort beim Wagnerbräu in der Neuhauser Straße in die Lehre zu gehen. Im Jahr 1810 war er bereits Braumeister beim Grafen Törring in Seefeld. Später ging er zurück in die Landeshauptstadt und erwarb 1818 die Löwenbrauerei in der Löwengrube, die er in kurzer Zeit ins Spitzenfeld der Münchner Brauereien führte. Schon zu seiner Zeit war übrigens das bayrische Wortspiel „der Brey-Bräu" jedem in der Stadt geläufig.
Er erreichte nach zähem Ringen mit dem Magistrat im Jahr 1827 die Genehmigung zur Aufstellung einer zweiten Sudpfanne auf seinem Lagerkellergelände an der Nymphenburger Straße. Er konnte nämlich glaubwürdig nachweisen, dass in der engen Löwengrube in der Innenstadt kein Platz für eine Erweiterung der bestehenden Brauerei war. Die Anzahl der Sudpfannen war damals behördlich noch streng limitiert, mehr als zwei Pfannen pro Braugerechtigkeit wurden nicht genehmigt. Nachdem aber auch die zweite Braustätte rasch an ihre Grenzen kam, stellte Brey 1840 an der Nymphenburger Straße noch eine weitere, dritte Sudpfanne auf. Er vertrat dabei – unter maximaler Dehnung der behördlichen Genehmigung – den Standpunkt, dass ihm ja die Aufstellung einer zweiten Pfanne *an der Nymphenburger Straße* erlaubt worden sei. Er wurde natürlich sofort von seinen Brauerkollegen wegen dieses Rechtsverstoßes bei der Stadt angezeigt, und ihm wurde auch mehrfach ein Verbot für die Benutzung dieser dritten Pfanne ausgesprochen. Das hat er aber konsequent ignoriert nach dem Motto: „Wer ko, der ko."

---

wurde der stark beschädigte Turm in leicht abgeänderter Form wieder aufgebaut, 1986 zerstörte ein Großbrand nochmals weite Teile des Gebäudes. 1997 fusionierte Löwenbräu mit der nahe gelegenen Spatenbrauerei. Deren Sudanlagen wurden daraufhin sukzessive stillgelegt. Die nördlich der Nymphenburger Straße

Der Löwenbräu-Keller nach dem Bombenangriff vom 2./3. Oktober 1943

gelegenen Brauereiteile (vor allem die Flaschenabfüllanlage) der Löwenbrauerei wurden schließlich im Jahre 2007 auf das Gelände der Spatenbrauerei transferiert. Das freigewordene Filetgrundstück zwischen Nymphenburger, Dachauer und Sandstraße wurde in die „Nymphenburger Höfe" umgestaltet. Der Löwenbräukeller ist bis heute einer der beliebtesten Biergärten Münchens geblieben.

Arzbergerkeller

Der Löwenbräu Mathias Arzberger verkaufte 1818 aus gesundheitlichen Gründen seine Brauerei an Georg Brey. Kurz zuvor hatte Arzberger auf einer ehemaligen Sandgrube (Ecke Sand- / Nymphenburger Straße) noch einen großen (2) Lagerkeller erbauen lassen. Schräg gegenüber auf der anderen Seite der Sandstraße lagen die beiden später errichteten Löwenbräukeller. Am 11. Oktober 1827 konnte der Spatenbräu Gabriel Sedlmayr der Ältere den Arzbergerkeller von den Brüdern und Erben des Mathias Arzberger erwerben.

Gabriel von Seidl baute diesen dann 1881/82 in den damals fortschrittlichsten Bierpalast Münchens um. Alle Räume sowie die Fassade waren elektrisch beleuchtet; das gab es bislang bei keinem anderen Münchner Bierpalast. Seidl erschuf damit einen aus der damals üblichen niedrigen vorstädtischen Bebauung herausragenden architektonischen Akzent. Die Front wurde nach dem zu dieser Zeit vorherrschenden Stil der Neorenaissance gestaltet. Die Gesamtfläche der Räume betrug etwa 1000 m^2. Der berühmte Graphiker Otto Hupp, der auch das bis heute gebräuchliche Logo der Spatenbrauerei kreierte, war für die Ausmalung des Festsaales mitsamt seiner Holzdecke im ersten Stock verantwortlich.

Sonn- und feiertags spielten in diesem Saal Militärkapellen und es traten Volkssänger-Gesellschaften auf. Verbürgt sind auch zahlreiche Besuche Ludwig Thomas im Arzbergerkeller während der legendären Münchner Faschingsveranstaltung „Vorstadthochzeit", wo er gerne „den Bismarck" gab.

Durch das Bombardement 1944 wurde der Keller weitgehend zerstört, so dass die Ruine von der Spatenbrauerei nicht mehr benutzt werden konnte und das Gelände an die Stadt München verkauft wurde. Darauf errichtete diese den heutigen Stahl-/Betonbau des Landgerichts München II, der durch den hier tagenden NSU-Prozess mediale Aufmerksamkeit erhielt. Der Abriss dieses architektonisch wenig anheimelnden Blocks ist glücklicherweise bereits beschlossen.

Spatenbrauerei

Im Jahr 1802 wurde einer der ersten (3) Keller im Münchner Westen errichtet. Der Unterkandlerbräu Benno Seidl, dessen Brauerei am Beginn der Sendlinger Straße auf dem Gelände des heutigen Kaufhauses Konen lag, ließ ihn erbauen. Zwei Jahre später wurde das nach Westen anschließende weitläufige Gelände, das bis zur Landshuter Allee reichte, als Exerzierfeld umgewidmet, mit einer Umrandung umgeben und nach römischem Vorbild „Marsfeld" getauft. Auf Grund der ungünstigen

Gabriel Sedlmayr der Jüngere

Gabriels gleichnamiger Vater, der „Ältere", übernahm 1807 die damals kleinste Münchner Brauerei, den Oberspatenbräu am Beginn der Neuhauser Straße. Er ermöglichte seinem Sohn, während seiner Ausbildung ausgedehnte Wanderjahre in Europa zu unternehmen. Gabriel der „Jüngere" bereiste mit seinen Freunden Anton Dreher aus Wien-Schwechat und Georg Lederer aus Nürnberg Großbritannien, das zu jener Zeit als die mit Abstand fortschrittlichste Braunation galt. Während auch die größten Betriebe in München mit maximal 20 Bräuknechten bestenfalls als Manufakturen anzusehen waren, gab es dort bereits industrielle Großbrauereien.

Allerdings waren die dortigen Brauer keineswegs geneigt, ihre Braugeheimnisse mit den bayrisch-österreichischen Brauersöhnen zu teilen. Diese ließen sich deshalb ausgefeilte Spionagetechniken einfallen, um möglichst viele Informationen aus den englischen und schottischen Großbetrieben zu stehlen. Unter anderem benutzten sie hohle Spazierstöcke mit einer Ventilklappe am Ende. Damit konnten sie heimlich Proben aus den Sudpfannen und Gärbottichen entnehmen.

Nicht zuletzt mit den so gewonnenen beziehungsweise erschlichenen Kenntnissen gelang es den drei angehenden Brauern, ihre elterlichen Betriebe jeweils zu den erfolgreichsten Brauereien vor Ort auszubauen.

Geländeunebenheiten wurde das Militärgelände letztlich auf das Oberwiesenfeld (heutiges Olympiagelände) verlagert, auf dem Marsfeld wiederum wurden große Militärbauten wie die Kadettenschule und die Marsfeldkaserne sowie eine Grundschule erbaut. Der Rest wurde als Baugrund freigegeben.

Der Unterkandlerkeller wurde nach dem Tode Seidls und der Wiederverheiratung seiner Witwe nach dem neuen Brauer in „Silberbauer-Keller" umbenannt. Diesen erwarb der Spatenbräu Gabriel Sedlmayr der Jüngere 1851 und errichtete über dessen alten Lagerkellerabteilungen ein Bürogebäude. Dieses war Teil seiner neuen, innerhalb von drei Jahren aus der Innenstadt hierher verlagerten industriellen Großbrauerei nach englischem Vorbild. 1899 wurde der Keller schließlich abgerissen und wich neuen Brauereigebäuden.

Im Zweiten Weltkrieg wurden die Münchner Brauereien gezielt bombardiert, da man in den Kelleranlagen Produktionsstätten für chemische Waffen vermutete. So wurde auch die Brauerei an der Marsstraße weitgehend zerstört, nach dem Kriegsende aber an gleicher Stelle wieder neu errichtet. Spaten-Franziskaner-Leistbräu war bereits seit 1922 eine Interessensgemeinschaft mit dem Konkurrenten Löwenbräu eingegangen; seit 1997 sind die beiden Traditionsbrauereien vereinigt. Das Sudhaus an der Marsstraße wurde 2006 stillgelegt, gebraut wird nun auf dem benachbarten Löwenbräugelände.

Augustinerkeller

„Ich sitze jeden Abend im buschigen Augustinerkeller und unterhalte mich mit dem Maßkruge. Erschöpfendere Diskussionen sind nie abgehalten worden." So Otto Julius Bierbaum 1896 in seinem Roman „Die Freiersfahrten und Freiersmeinungen des weiberfeindlichen Herrn Pankrazius Graunzer, der schönen Wissenschaften Doktor".

Der (4) Augustinerkeller war einer der beeindruckendsten Keller seiner Zeit. Er wurde 1808 an der heutigen Arnulfstraße, die bis 1890 Salzstraße genannt wurde, von der Büchlbrauerei aus der Theatinerstraße angelegt. Zuvor befand sich an seiner Stelle eine Kiesgrube.

Joseph von Utzschneider (1763–1840), ein geschäftstüchtiger Münchner Unternehmer, der unter anderem mit Josef von Fraunhofer das weltberühmte Optische Institut gründete, erhielt eine der wenigen während der Ära Montgelas neu erteilten Braukonzessionen. 1811 errichtete er an der Brienner Straße im heutigen Luitpoldblock, der damals noch vor den Toren der Stadt lag, seine Brauerei. Er wurde 1816 als erster Nicht-Brauer in die Zunft aufgenommen. Utzschneider war seinerzeit der höchstbesteuerte Bürger von München und bis 1823 zweiter Bürgermeister. Seine Brauerei verkaufte er 1825 an Angelo Sabbadini, dessen Schwiegersohn, der Bankier Ludwig Knorr (1783–1852), sie 1837 übernahm und bis 1851 weiter betrieb. Seither nutzte Knorr den Lagerkeller pachtweise, fünf Jahre später konnte er ihn schließlich käuflich erwerben. Dieser „Knorrkeller" wurde aber bereits sechs Jahre später von Knorrs Söhnen Angelo und Julius an Gabriel Sedlmayr vom Spatenbräu weiterverpachtet. Im Jahr 1862 wiederum, zehn Jahre nach dem Tod Ludwig Knorrs, verkauften sie das gesamte Kellergelände an die Augustinerbrauerei, die damals noch in der Neuhauser Straße braute. Im Sommer wurde der Keller als Gaststätte zum Minutoverschleiß des Lagerbiers genutzt. Neben der Gestaltung des Gartens mit Tischen und Stühlen wurde auch ein „Studentenkneipzimmer" ausgebaut.

Im Zuge der Übersiedlung der Augustinerbrauerei aus der Innenstadt an ihren heutigen Standort an der Landsberger Straße löste sich ab Mitte der 1880er-Jahre auch die Funktion des Augustinerkellers als Lagerkeller auf. Das Augustinerbier konnte nun in dem bereits mit Kühlmaschinen ausgestatteten großzügigen Keller auf dem neuen Brauereigelände gelagert werden. Über viele Jahrzehnte war es bis dahin eine besondere Attraktion des Augustinerkellers, dass man einem Ochsen zusehen konnte, der – im Kreis gehend – einen Göpel antrieb, mit dessen Hilfe die Fässer aus den kühlen Kellern über den Spindelbaum nach oben in die Wirtschaft befördert wurden. Der letzte „Bierochse" wurde 1891 eingesetzt, danach wurde der Göpel abgebaut. Der Wegfall des beliebten „Ochsn-Drahns" wurde von den Münchnern sehr bedauert.

Anschließend wurde das Gelände zu einer Gartenwirtschaft umgewandelt, 1896 erfolgte eine Umgestaltung im Stil der deutschen Renaissance durch Franz Xaver Renner. Die oberirdischen Fasshallen wurden in zwei Säle für den nun ganzjährigen Betrieb als Gaststätte umgebaut, in den unterirdischen Kellern wurde nur noch Eis eingelagert. Im Garten, der sich im Westen an den Keller anschließt, wurde das sog. „geschlagene Inventar" abgeschafft. Statt dieser fest installierten Holzbänke und -tische stellte man dieselben Garnituren aus Tischen und Stühlen auf, die auch im Inneren der Gasträume benutzt wurden. Charakteristisch für den Augustinerkeller waren dabei die weiß gestrichenen Möbel. Im

Garten wurden mehrere offene Bierschänken mit Brunnen aufgestellt, in denen sich die Gäste ihre Maßkrüge selbst spülen konnten, bevor sie sich eine frische Maß holten.

Zur gleichen Zeit, als 1896 die Gasträume umgestaltet wurden, ließ der Besitzer des Kellers, Joseph Wagner, im Westteil eine künstliche Alm errichten. Wagner war ein leidenschaftlicher Alpinist, wie schon der Vorbesitzer Julius Knorr, der 1860 einen erheblichen Beitrag zum Bau der „Knorrhütte" auf der Zugspitze geleistet hatte. Aus diesem Grund finden heute noch regelmäßig Vorträge des Alpenvereins im Augustinerkeller statt. Die Alm, mit kunstvoll geschnitzten Verzierungen versehen, wurde nach der Zerstörung im Zweiten Weltkrieg nicht mehr neu aufgebaut. Eine nochmalige grundlegende Umgestaltung erfuhr der Augustinerkeller 1931, als im Westen ein Küchenanbau, zur Arnulfstraße hin der charakteristische Erker sowie ein weiterer Gastraum angelegt wurden.

Im Zweiten Weltkrieg zu großen Teilen zerstört, konnte der Keller 1947 wiedereröffnet werden. Als einzigartige Besonderheit sind hier die unterirdischen Keller nicht nur erhalten

Hauptstatt

1778 war die „Hauptstatt", der Platz, an dem die Enthauptung durch das Schwert stattfand, vom Karlstor an das Marsfeld (auf Höhe der Einmündung der Zirkus-Krone- in die Arnulfstraße) verlegt worden. Die letzte, außerordentlich blutige Schwertenthauptung – der Henker brauchte sieben Hiebe, um den Kopf schließlich abzutrennen – fand im Jahr 1854 statt. Nicht zuletzt wegen dieses Desasters wurde fortan mit dem Fallbeil gearbeitet. Die letzte öffentliche Hinrichtung an dieser Stelle fand 1861 statt. Verbürgt ist, dass die Kinder des Spatenbräus Gabriel Sedlmayr immer einen Umweg auf dem Weg von ihrer nahe gelegenen Wohnung in der Spatenbrauerei zur Schule in Kauf nehmen mussten, um ihnen eine Belastung durch den Anblick der Richtstätte zu ersparen. Aus Pietätsgründen durfte auch im danebengelegenen Augustinerkeller wegen der Nähe zum ehemaligen Richtplatz keine Musik gespielt werden.

und begehbar, sondern werden seit dem Jahr 2000 auch als Gasträume genutzt. Sie vermitteln heute am besten ein Bild der ehemaligen Kellerkultur Münchens. Etwa 5000 Plätze laden im Sommer in dem 8500 m² großen, von über 200 stattlichen Bäumen überschatteten Park dazu ein, wie in früheren Zeiten die Freuden des Biergartens zu genießen. Das ausnehmend geschmackvoll gestaltete Pissoir im Garten wurde übrigens ironisch von dem damaligen Wirt Hanns-Werner Glöckle „Befreiungshalle" getauft.

Oberkandlerkeller

Die Oberkandlerbrauerei befand sich hinter dem Karlstor in der Neuhauser Straße direkt neben dem Oberpollingerbräu, nach dem das hier befindliche Kaufhaus bis heute benannt ist. Gegründet 1548, wurde der Sudbetrieb im Jahr 1856 eingestellt. Zeitgleich mit dem Augustinerkeller wurde 1808 vom Oberkandlerbräu ein (5) Keller auf der anderen Seite der Salzstraße (heute Arnulfstraße) erbaut. Nach der Einstellung des Sudbetriebes fiel dieser der Erweiterung der Gleisanlagen des Hauptbahnhofes zum Opfer. Bis zu seinem Abriss befand sich der Oberkandlerkeller in unmittelbarer Nachbarschaft zur Hauptstatt, einer der beiden Hinrichtungsstätten Münchens.

Hacker-Pschorr-Brauerei

Joseph Pschorr verfügte zunächst über keine geeigneten Märzenkeller für seine immer weiter expandierende Hackerbrauerei. Daher erwarb er 1809 für die Errichtung des damals größten Kellerbaus Deutschlands von der Stadt München das Gelände des ehemaligen Galgenbergs. Dieses lag neben der Straße nach Pasing auf jener Erhöhung, die hier vom westlichen Isarhochufer zurückgeblieben war. Das „Hochgericht", wie die zweite Hinrichtungsstätte Münchens offiziell hieß, war

1460 errichtet worden. Hier fanden die Exekutionen mittels Erhängen statt. 1808 aber wurde diese feste Institution durch mobile „Einheiten“, die bei Bedarf an verschiedenen Orten jeweils auf- und wieder abgebaut wurden, ersetzt. Das freigewordene Grundstück, das genau auf der Grenze des Burgfriedens lag, wurde anschließend von der Stadt versteigert. In einem Zeitungsbericht vom 16. Februar 1809 wird dazu gemeldet: „Der bürgerliche Bierbräu Joseph Pschorr hat den Kammergrund am Galgenberg – die ehemalige Köpfstatt – mit einem Tagwerk und 2000 Quadratschuh Größe, den Felix Fürmann um das Höchstgebot von 2025 Gulden ersteigerte, aber nicht mehr für sich behalten wollte, unter den gleichen Bedingungen übernommen und die verordnungsmäßige Kaufschillingsbarschaft von 1012 Gulden 30 Kreuzer bereits entrichtet.“

Der damals schon finanziell schlecht beleumundete Unterottlbräu Fürmann besaß am Fuße des Galgenbergs seinen eigenen Keller und fürchtete die direkte Nachbarschaft durch den Braugiganten Pschorr. Dieser hatte nämlich bereits ohne Konkurrenz das angrenzende, außerhalb des Burgfriedens gelegene, größere Teilgelände von 3,5 Tagwerk für 351 Gulden ersteigert. Fürmann ließ sich deshalb auf einen ruinösen Bieterwettkampf mit dem Hackerbräu um den im Zeitungsartikel erwähnten kleineren, innerhalb des Burgfriedens gelegen Teil des Galgenberggrundes ein. Wie beim Kampf Davids gegen Goliath wurde damals sein letztlicher Sieg mit dem Höchstgebot von 2025 Gulden in der Stadt gefeiert. Als es aber ums Bezahlen ging, musste der „Sieger“ klein beigeben und dem Stadtrat gestehen, dass er über die nötigen Mittel gar nicht verfügte. Da eine Konventionalstrafe seinen Ruin bedeutet hätte, trat er schließlich den Gang nach Canossa an und Joseph Pschorr den Grund ab. Dieser machte sich nun sogleich ans Werk, hier einen (6) Lagerkeller zu errichten. Dabei hatte Pschorr in weiser Voraussicht den riesigen Bau (die „Bierfestung“, siehe Kapitel „Das kalte Kellerbier“) mit Lagerplatz für etwa das Dreifache der vom Hackerbräu damals produzierten Biermenge angelegt. Denn er hatte bereits von Anfang an den Keller so dimensioniert, dass er Platz für eine weitere Expansion der Brauerei bot. Diese fand mit dem Erwerb des Bauernhanslbräus in der Neuhauser Straße statt, den Pschorr zu seiner zweiten Großbrauerei, dem Pschorrbräu, ausbauen ließ.

Joseph Pschorr

Auf dem Spitzweghof in dem kleinen Dorf Kleinhadern 1770 geboren, deutete für Joseph Pschorr zunächst nichts auf seine spätere Karriere als der sicherlich bedeutendste Münchner Brauer hin. Er war nämlich der Sohn eines Bauern, und nachdem seine sieben Geschwister bereits allesamt verstorben waren, wäre er der Alleinerbe des Hofes gewesen. Aber schon als Jugendlicher hatte sich Pschorr in den Kopf gesetzt, das Brauerhandwerk zu erlernen. Mit dem Segen der Eltern zog er daher als 15-Jähriger nach München und ging beim Oberkandlerbräu in die Lehre. Er ehelichte mit 23 Jahren Therese Hacker, deren Vater die gleichnamige Brauerei in der Sendlinger Straße betrieb. In Zeiten wirtschaftlicher und politischer Unsicherheit ging Pschorr das Wagnis ein, sich hoch zu verschulden, um seinem Schwiegervater die ziemlich heruntergekommene Brauerei abzukaufen. Von da an führte der Weg nur noch in eine Richtung: steil nach oben.

Mit unermüdlichem Arbeitseinsatz und hohem kaufmännischem Geschick machte er die Hackerbrauerei bis zum Jahr 1806 zur größten Brauerei Münchens. 1820 konnte er zudem den in Konkurs – „auf die Gant" – geratenen Bauernhanslbräu in der Neuhauser Straße ersteigern. Nachdem er die angrenzenden Gebäude ebenfalls erwerben konnte, ließ er den ganzen Block abreißen und errichtete dort seine zweite Großbrauerei, die „Brauerei zum Pschorr".

Als Joseph Pschorr sich 64-jährig aus dem Geschäftsleben zurückzog, produzierte er mit seinen beiden Betrieben so viel Bier wie noch um die Jahrhundertwende alle 54 Münchner Brauereien zusammen. Zudem hatte er insgesamt 20 Kinder auf die Welt kommen sehen, von denen die beiden ältesten Söhne die Brauereien weiterführten. Als einziger Brauer ist Joseph Pschorr heute in der Ruhmeshalle an der Bavaria verewigt.

Das Los entschied nach dem Rückzug Pschorrs über die Zuteilung der beiden Kellerhälften, die durch eine Brandschutzmauer getrennt waren, an seine Söhne. Zitat aus den „Vaterländischen Neuigkeiten“: „Der ältere, Georg, selbst 36 Jahre, würfelte auch auf dreimal die Zahl 36, der jüngere Mathias, erwürfelte sich 33, eine Zahl, die sein Alter ebenfalls bezeichnet.“ Georg erhielt die östliche Hälfte, Matthias die westliche. Beide verlegten später ihre Brauereien aus der Innenstadt zu ihren Lagerkellerhälften.

Hirschbräukeller

1885 konnte Georg Pschorr den (7) Lagerkeller des Hirschbräus erwerben, der direkt neben dem Gelände der Pschorrbrauerei an der Zollstraße lag. Der Hirschbräu war neben dem Krapfbräu eine der beiden Brauereien im Färbergraben und dort seit dem Ende des 16. Jahrhunderts nachweisbar gewesen. 1808 hatte man den Braubetrieb an das hintere Ende der Herbststraße (heutige Zollstraße) verlegt. Der lauschige Biergarten dort erfreute sich großen Zulaufs. Der Braubetrieb wurde aber dennoch im Jahr 1871 eingestellt. Im Zuge der Vergrößerung der Pschorrbrauerei wurde der hinzugekaufte Keller dem Betriebsgelände einverleibt. Auf frühen Abbildungen der Pschorrbrauerei ist der Keller nahe den Gleisanlagen noch gut als einzeln stehendes Gebäude zu erkennen.

Kreuzbräukeller

Der Kreuzbräu, die letzte Brauereigründung in München vor dem Dreißigjährigen Krieg, wurde bis ins Jahr 1852 betrieben. Der (8) Lagerkeller der Brauerei lag ganz in der Nähe des Hirschbräukellers an der Ecke Bayer-/ Herbststraße und wurde später ebenfalls dem Gelände der Pschorrbrauerei eingegliedert.

Spatenkeller

1804 wurde vom letzten Filserbräu Joseph Wiedenbauer an der Bayerstraße, die damals noch zur „Kuralgemeinde Untersendling auf der Sendlinger Heide“ gehörte, ein (9) Sommerkeller errichtet. Die Filserbrauerei lag als einzige in der Weinstraße, wo – wie aus dem Namen hervorgeht – der Weinmarkt von München abgehalten wurde. Noch heute trägt die schmale Seitengasse, an der die Brauerei einst lag, ihren Namen. Ab 1812 pachtete der Spatenbräu Gabriel Sedlmayr der Ältere diesen Lagerkeller für seine Brauerei, fünf Jahre später konnte er den Keller von Wiedenbauer käuflich erwerben. Sedlmayr hatte damals das Problem, dass er für den immer weiter anwachsenden Ausstoß seines Bieres zu wenige Lagermöglichkeiten hatte. Mit dem Kauf des Filserkellers wurde dieses Problem zumindest für ein Jahrzehnt weitgehend gelöst.

Der Besuch dieses Lagerkellers erfreute sich bald großer Beliebtheit, und so wurde er wie viele andere Keller von dem eingespielten Team aus dem Architekten Gabriel von Seidl und dem Graphiker Otto Hupp 1909 in einen Bierpalast umgebaut. Ende des Zweiten Weltkrieges wurde der Keller vollkommen zerstört, später behelfsmäßig wiederaufgebaut und 1969 als Gaststätte wiedereröffnet. Nach dem Verkauf des Geländes wurde dort das Einrichtungshaus „Möbel Krügel“ errichtet, heute steht hier ein Teil des Europäischen Patentamtes.

Hackerkeller

Der Unterpollingerbräu zählte zu den ältesten Brauereien Münchens. Er wurde 1390 direkt am Beginn der Sendlinger Straße gegründet. Die Brauerei wurde bis ins Jahr 1828 fortbetrieben, danach war hier zunächst noch ein Gaststättenbetrieb. Später wurde an dieser Stelle das Münchner Traditionskaufhaus „Konen“ errichtet. Die Braugerechtsame des Unterpollingers wurde 1846 in ein sog. „reales“ Braurecht umgewandelt, das heißt, sie war nicht mehr an ein festes Grundstück gebunden. Zwölf Jahre später

Postkarte, die den Bavariakeller zeigt

wurde damit die Verlegung des Braubetriebes des Hackerbräus aus der Innenstadt an die Bayerstraße ermöglicht.

Dieser (10) Märzenkeller, bis dahin Pollingerkeller genannt, wurde daraufhin in „Hackerkeller" umbenannt. In diesem fand der Bierausschank der nahe gelegenen Hackerbrauerei statt, wie Benno Sailer 1929 schrieb: „ ... dort oben auf der Theresienhöhe, von wo sich Altmünchens Gemütlichkeit seit der Geburtsstunde des Oktoberfestes durch ein Jahrhundert bis auf unsere raschlebige Epoche ungeschwächt erhalten sollte."

Bavariakeller

Die Wagnerbrauerei wurde Anfang des 16. Jahrhunderts in der Neuhauser Gasse gegründet. Zwei Jahre nach dem ersten Oktoberfest von 1810 wurde vom Wagnerbräu Seidl und seiner Frau in dessen unmittelbarer Nähe an der Theresienhöhe 3 ein großer (11) Lagerkeller errichtet. Regelrecht geadelt wurde der Keller drei Jahre später durch ein Frühstück, das König Maximilian I. hier mit seinem ganzen Gefolge an einem Sonntag während des Oktoberfestes einnahm.

Georg Pschorr erwarb 1865 nach der Übernahme der Wagnerbrauerei für 110 000 Gulden auch den Wagnerkeller. Diesen ließ er zu einer prachtvollen Großgaststätte mit einem

Festgebäude um- und ausbauen. Wegen der Nähe zu der 1850 eingeweihten Bronzestatue der Bavaria an der Theresienwiese wurde der Keller in „Bavariakeller“ umbenannt. Die Statue war damals weltbekannt und stellte die größte Bronzefigur seit der Antike dar.

Eine besondere Attraktion war ein hölzerner Pavillon im Biergarten, der – damals eine Novität – Panoramaansichten von Schlachtenszenen aus dem Krieg gegen Frankreich von 1870/71 zeigte. Errichtet wurde dieses Gebäude 1886 durch den Hoflieferanten Böhmler; das erste Rundgemälde „Die Schlacht von Gravelotte“ hatte er von einer Düsseldorfer Firma erworben. Am 15. Mai 1887 wurde der Pavillon von Prinzregent Luitpold eröffnet. Bis zu 1500 Personen sahen sich täglich die Panoramagemälde an. „Am 14. Oktober 1913 brannte dieses alte Panoramagebäude zwischen 5 und 6 Uhr morgens vollständig nieder. Der Schaden ist außerordentlich hoch. Verbrannt sind außer dem gewaltig dargestellten Rundgemälde ‚Sturm auf Champigny‘, das von den Malern H. Niesle, L. Putz und F. Neuman geschaffen worden ist, die in Kisten verpackten Rundgemälde ‚Schlacht von Nuits‘, ‚Schlacht bei Lützen‘, ‚Erstürmung des Pakuforts‘, ‚Schlacht bei Plewna‘, ferner wertvolle photographische Platten mit Aufnahmen von Jerusalem, Jaffa usw. Der Gesamtwert der Rundgemälde, von denen jedes gegen 40 000 Mark kostete, wird auf 200 000 Mark angegeben“, berichtete ein Stadtchronist Münchens.

Der Keller wurde 1936 nochmals modernisiert, dann aber, wie so viele andere auch, im Zweiten Weltkrieg durch Brandbomben vollständig zerstört. 1948 wurde an seiner Stelle von der Pschorrbrauerei ein provisorischer Nachkriegsbau errichtet. Anfang der 60er-Jahre wurde wieder ein neuer Festsaal erbaut, der zehn Jahre später durch einen Neubau ersetzt wurde. Mittlerweile steht an dessen Stelle das „Hacker-Pschorr-Bräuhaus“, das mit einer eigenen Hausbrauerei zumindest an die große Vergangenheit erinnert. Leider verkommt der zur Theresienwiese vorgelagerte kleine Biergarten „Cirkuswiese“ mangels Benutzung immer mehr, obwohl er doch so sehr zum Genuss der einen oder anderen Maß einladen würde.

Augustinerbrauerei

Im Jahr 1845 pachtete die Augustinerbrauerin Theresia Wagner den sog. (12) Buttlerkeller an der Landsberger Straße von dem Hofbankier Josef von Hirsch. Dass ein Banker einen Bierkeller besaß zeigt auch, wie sehr in jener Zeit das Münchner Brauwesen den Spekulationen von Finanziers unterworfen war. Zwölf Jahre später kaufte Theresia Wagner schließlich den Keller, der für die damalige Zeit ungewöhnlich weitläufig angelegt war. Dadurch war die Möglichkeit gegeben, sich als letzte der Großbrauereien aus der beengten Innenstadt auf ein Gelände vor den Toren der Stadt zu verlagern und einen modernen industriellen Großbetrieb auf die Beine zu stellen. Die Verlegung des Braubetriebs erfolgte in den Jahren von 1884 bis 1890 durch Theresias Sohn Joseph Wagner. Heute noch wird auf dem Gelände des ehemaligen Lagerkellers gebraut.

Wagnersche Braudynastie

Das Freisinger Brauerehepaar Anton und Theresia Wagner hatte zusätzlich zu ihrer kleinen Hasüberbrauerei einen äußerst lukrativen Heu- und Getreidehandel aufgezogen. Dadurch konnten sie genug Kapital ansparen, um in die aufblühende Haupt- und Residenzstadt München umzuziehen. Sie erwarben hier 1829 die Augustinerbrauerei, die nach der Säkularisierung zunächst an zwei städtische Fischer verkauft und in die Neuhauser Straße verlegt worden war. Nach dem frühen Tod ihres Ehemannes führte Theresia Wagner den Betrieb alleine fort. Unter ihrem Sohn Joseph wurde schließlich die Schwelle zur Großbrauerei überschritten; seine Initialen zieren bis heute das Augustiner-Logo.
Nach Josephs Tod wurde die Brauerei zunächst von seinen Söhnen, zuletzt von seinem Enkel weitergeführt. Anschließend gelangte sie in die Hände einer Erbengemeinschaft, wobei die Mehrzahl der Anteile schließlich von Edith Haberland-Wagner zusammengetragen wurde. Die kinderlose Brauereibesitzerin verfügte hochbetagt, dass nach ihrem Tod all ihre Anteile in eine Stiftung überführt werden sollten. Dieser „Edith-Haberland-

Wagner-Stiftung" gehört bis heute die Mehrheit an Augustiner, so dass diese vor Übernahmen durch Großkonzerne geschützt ist. Die gemeinnützige Stiftung engagiert sich kulturell und sozial; ihre Ziele lauten: „Jugendschutz, Völkerverständigung, Denkmalschutz, Förderung der Kultur." Unter anderem wird von ihr das Bier- und Oktoberfestmuseum in der Sterneckerstraße betrieben. Zu Recht heißt es in München über das Bier von Augustiner: „Der erste Schluck ist eine Wohltat, der zweite eine Wohltätigkeit." Die Augustinerbrauerei ist die letzte der sechs großen Münchner Brauereien, die sich noch in Privatbesitz befindet.

Der Untergang der Kellerstadt

Ende des 19. Jahrhunderts ersetzten im Münchner Osten die Keller- und Brauanlagen mehrerer Großbrauereien weite Teile der Kellerstadt, die in den Jahrzehnten zuvor am Gasteig sowie auf Teilen des Lilienberges entstanden war. Alle in Folge des Konzentrationsprozesses im Braugewerbe entstandenen Großbrauereien benötigten nämlich für die Expansion ihrer Betriebe wesentlich größere Flächen als in der beengten Münchner Innenstadt auf ihren Stammgrundstücken zur Verfügung standen. Die bisherige kleinparzellige Struktur am Gasteig wurde im mittleren und südlichen Teil durch die ausgedehnten Anlagen der neuen Industriebetriebe regelrecht zugepflastert. Wie im Münchner Westen gehörten zu diesen Brauereien jeweils große, prächtig ausgestattete Bierpaläste zum Ausschank des gebrauten Bieres.

Die Eberl-Faber-Brauerei, der Bürgerbräu und die Münchner-Kindl-Brauerei belegten jeweils links und rechts der Rosenheimer Straße große Areale. An der Hochstraße dominierten die Anlagen der Franziskaner-Leist-Brauerei die Umgebung. Das königliche Hofbräu wiederum bebaute den größten Teil der Nordhälfte der Grundstücke an der Wiener Straße.

Im nördlichen Teil der Kellerstadt am Gasteig wurden viele der Lagerkeller schon in der ersten Hälfte des 19. Jahrhunderts durch den stetigen Rückgang der Brauereien aufgegeben. Für die verbliebenen Großbrauereien waren diese aber wegen ihrer geringen Kapazitäten uninteressant. Die ab Beginn der Reichsgründung 1871 neu aufkeimenden, meist kleinen und kurzlebigen Brauereineugründungen wiederum wurden zum einen allesamt außerhalb der Innenstadt erbaut. Dort bestand in den Vororten genug Platz für neue Kelleranlagen direkt auf den Brauereigelände. Andererseits konnten sich diese Brauereien bereits der neuen künstlichen Kühlmöglichkeiten durch Kältemaschinen bedienen und waren dadurch nicht mehr auf tief angelegte Lagerkeller angewiesen. Daher hatten auch diese Neugründungen kein Interesse an den frei gewordenen Lagerkellern am Gasteig.

Stadtplan von München, 1908/1909

Da sich die Bevölkerung Münchens von 1800 bis 1900 auf 500 000 Einwohner verzehnfachte, entstand demgegenüber aber eine große Nachfrage nach Baugrund. Die Grundstücke der ehemaligen Lagerkeller wurden daher sukzessive verkauft und überbaut. Spätestens ab Beginn der 1840er-Jahre lassen sich die ersten Neubauten an diesen Standorten belegen. Damit verschwanden auch die letzten oberirdischen Zeugen der einstigen Kellerstadt.

Die riesigen Säle der Bierpaläste erfüllten zu Beginn des 20. Jahrhunderts zunehmend eine öffentliche Funktion. Sie waren als einzige groß genug, um den diversen politischen Parteien als Versammlungsorte für ihre Veranstaltungen zu dienen. Aus diesem Grund sind speziell einige der nachfolgenden Keller mit Ereignissen aus der Zeit der Weimarer Republik beziehungsweise der „Machtergreifung" der Nationalsozialisten verbunden.

Eberl-Faber-Bräu

Die Aktienbrauerei „Zum Eberl-Faber“ entstand aus dem Zusammenschluss zweier altehrwürdiger Brauereien, die benachbart zum Hackerbräu am Anfang der Sendlinger Straße lagen. Der Faberbräu, gegründet 1397, beherbergte in der ehemaligen Malztenne seit 1745 eine der – neben dem Hoftheater – wichtigsten Theaterbühnen Münchens, die „Deutsche Schaubühne“, wo unter anderem mehrere Werke Lessings und Schillers aufgeführt wurden. Das Bräuhaus des Eberlbräus, gegründet 1540, galt im 17. Jahrhundert als eine der ersten Adressen der Münchner Unterkünfte. Die Vereinigung der beiden Brauereien fand im Jahr 1812 statt, nach einer nochmaligen Trennung von 1838 bis 1882 erfolgte die dauerhafte Fusion. Sechs Jahre später wurde die Brauerei in eine Aktiengesellschaft umgewandelt.

Im Jahr 1889 wurde am Gasteig ein Bierkeller mit Ausschank eröffnet. Nachfolgend verlagerte man die gesamte Eberl-Faber-Brauerei dorthin an die Rosenheimer Straße (stadtauswärts links), wo sich zuvor die Keller von Hof-, Mader-, Leist- und Schützbräu befanden. Nachdem die Aktiengesellschaft 1920 von der Paulaner-Salvator-Brauerei aufgekauft wurde, hatte diese keinen Bedarf mehr an den Gebäuden am Gasteig. Am 4. Dezember 1920 wurde das Gelände an der Rosenheimer Straße sowie der Keller an die Stadt München verkauft. Diese hatte die Absicht, entsprechend dem Zeitgeist ein „Gegenstück zum Ratskeller“ zu errichten, um auch an der allgemeinen Begeisterung der Münchner für die Bierkeller am Gasteig teilzuhaben. Während die übrigen Brauereigebäude des ehemaligen Eberlbräus anderen Zwecken zugeführt wurden, erfolgte die feierliche Übergabe des „Stadtkellers“ am Mittwoch, den 29. Juni 1921. Zur Eröffnungsfeier hatten sich alle Fraktionen „schiedlich-friedlich“ zusammengefunden.

Um die Rosenheimer Straße verkehrsgünstiger zu gestalten, wurde der städtische Keller zusammen mit der Fasshalle schließlich 1934/35 abgerissen. Die Firma Stahlgruber hatte in einem weiteren Brauereigebäude des Eberlbräu noch bis 1970 ihren Sitz. Nach ihrem Umzug in einen Neubau an der Einsteinstraße wurde auch dieses letzte Gebäude im Rahmen einer nochmaligen Erweiterung der Rosenheimer Straße auf 28 m nach Abschluss der S-Bahn-Bauarbeiten 1971 abgerissen.

Bierdunst und NSDAP

Während der NS-Zeit kam es zu einem stetigen Niedergang des Münchner Brauwesens. Die „Arisierung" der Betriebe, verbunden mit der Entlassung zahlreicher Mitarbeiter, führte zu einem Wegfall an Braukompetenz. Die Konzentration der Nazis allein auf kriegswichtige Branchen sowie das allgemeine Klima der Bespitzelung und Drangsalierung trugen ihrerseits zum Verfall dieses Wirtschaftszweiges bei. Auf der anderen Seite ist der Aufstieg der NSDAP untrennbar mit den Namen Münchner Brauereien verbunden. Sie konnten zur damaligen Zeit als Einzige ausreichend große Räume für politische Massenveranstaltungen zur Verfügung stellen. Die bierdunstige Atmosphäre in den Schwemmen der Bierpaläste tat ein Übriges und bot fruchtbaren Boden für die NS-Propaganda.

Am 12. September 1919 nahm Adolf Hitler als V-Mann an einer Sitzung der erst im Januar gegründeten Deutschen Arbeiterpartei DAP teil. Eine Woche später trat er der Partei bei und kurz darauf wurde in einem Nebenraum des Sterneckerbräus im Tal deren erste Geschäftsstelle eröffnet, die bis Kriegsende als Parteimuseum der NSDAP diente. Das Sterneckerbräu war bis 1919 eine der mittelgroßen Münchner Brauereien mit einem großen Keller am Gasteig.

Am 24. Februar 1920 konnte Hitler die erste Massenversammlung der DAP im Hofbräuhaus durchsetzen, die an jenem Abend in Nationalsozialistische Deutsche Arbeiterpartei umbenannt wurde.

Der sog. Hitlerputsch nahm seinen Ausgang vom Bürgerbräukeller. Dort hatten sich am 8. November 1923 unter Führung von Gustav Ritter von Kahr rechtsgerichtete Kreise versammelt. Hitler riss mit Abgabe eines Pistolenschusses die Aufmerksamkeit an sich und konnte die Anwesenden zum Teil auch mittels

Erpressung auf seine Seite ziehen. Am nächsten Tag marschierten ab 12 Uhr die Revolutionäre unter seiner Führung – wieder vom Bürgerbräukeller aus – ab in Richtung Odeonsplatz. Der Zug wurde von der Landespolizei an der Feldherrnhalle gestoppt, Hitler wurde verhaftet. Trotz dieses kläglichen Scheiterns wurde der Putschversuch propagandistisch ausgeschlachtet und nach der „Machtergreifung" unter anderem durch jährliche Gedenkfeiern im Bürgerbräukeller Teil der ideologischen Selbstinszenierung der NSDAP.
Dieses symbolträchtige Datum wählte der Schreiner Georg Elser für sein Attentat auf Hitler. In über 30 Nächten präparierte er die Säule hinter dem Rednerpult und baute eine Bombe mit Zeitzünder ein. Hitler entging diesem Tötungsversuch durch reinen Zufall: Wegen Nebels konnte er nicht mit dem Flugzeug von München nach Berlin zurück reisen und musste den Zug nehmen. Daher beendete er seine Rede 13 Minuten vor der Detonation der Bombe und verließ den Saal.

Bürgerbräu

Im Jahr 1490, während des ersten Gründungsbooms im Münchner Braugewerbe, wurde in der Burgstraße eine Bräustatt gegründet. Ihren Namen „Zengerbräu" erhielt sie von dem Bräu Martin Zenger, der den Betrieb fast ein halbes Jahrhundert leitete (1654–1703). Unter seinem Sohn und Nachfolger wurde die Brauerei mit dem im direkten Nebengebäude befindlichen „Kempterbräu" vereinigt. Sie gelangte im 19. Jahrhundert in die Hände des Brauerehepaars Hierl.

Schon 1791 hatte der Zengerbräu auf einem Grundstück des Leprosenspitals an der Kellerstraße am Gasteig einen Märzenkeller angelegt. Ein Jahr nachdem die Hierls dort einen weiteren Lagerkeller errichtet hatten, kam es in der Brauerei in der Innenstadt zu einem verheerenden Brand. In der Folge wurde der Braubetrieb 1842 auf das Gelände des Sommerbierlagerkellers verlegt. Die Brauerei expandierte von nun an stetig, der Zukauf der Braugerechtigkeit des ehemaligen Klarissenklosters

St. Jakob am Anger im Jahr 1851 führte zu einer weiteren Ausdehnung der Brauanlagen. Die Witwe des letzten Bräus, Wally Hierl, verkaufte den Betrieb am 27. Oktober 1880 an die neu gegründete „Bürgerliche Bräuhaus Aktiengesellschaft". Dieser sperrige Begriff wurde im Münchner Volksmund rasch auf den griffigeren Namen „Bürgerbräu" verkürzt.

Das nun gebraute Bier genoss einen besonders guten Ruf sowohl im In- als auch im Ausland; entsprechend groß war der Andrang der Kundschaft. Bereits im ersten Jahr der Übernahme des Bürgerbräus stellten sich Gär- und Lagerkeller als zu klein heraus und mussten erweitert werden. Der Keller wurde in den Folgejahren immer weiter aus- und umgebaut. Bis zum Ersten Weltkrieg konnte der Ausstoß beinahe verzehnfacht werden auf zuletzt 256 000 hl, wobei der abrupte Wegfall der Absatzmärkte in Elsass-Lothringen, Frankreich, Belgien und Italien während des Krieges einen herben Einschnitt darstellte. Nach dem Ersten Weltkrieg fusionierte deshalb der Bürgerbräu im Jahr 1921 aus wirtschaftlichen Gründen mit der Löwenbrauerei, die ihrerseits kurz zuvor mit der „Unionsbrauerei" des jüdischen Unternehmers Joseph Schülein zusammengelegt worden war. Im selben Jahr erfolgte der letzte Umbau des Bürgerbräukellers, die Brauerei erlebte einen nochmaligen Aufschwung und erreichte zuletzt wieder einen Ausstoß von 207 000 hl. Dennoch wurde der Braubetrieb 1932 vollständig eingestellt, die Brauereigebäude wurden von der Löwenbrauerei nur noch als Mälzerei genutzt.

Eine Besonderheit stellte die sog. „große Halle" auf dem Gelände dar. Sie war durch die Überdachung der gesamten Fläche zwischen den beiden Malzhäusern mit einer Stahl-Glas-Konstruktion entstanden und diente zusammen mit den zehn angegliederten Malztennen im Sommer, während nicht gemälzt wurde, als Veranstaltungsort für besonders große Feste. Den Anfang machte 1894 die Generalversammlung des Deutsch-Österreichischen Alpenvereins. Für diese Feier wurde damals in den Malztennen sogar ein komplettes Salzbergwerk nachgebaut.

Die ehemalige Fasshalle über den neu erbauten Lagerkellern entlang der Rosenheimer Straße, die ebenfalls zu dem weitläufigen Brauereigelände gehörten, wurde nach der Übernahme durch den Bürgerbräu in eine Festhalle umgebaut.

Heilmann & Littmann

Mit dem Eintritt des aus Chemnitz stammenden Architekten und Künstlers Max Littmann in das von dem Ingenieur und Unternehmer Jakob Heilmann gegründete Baugeschäft begann eine jahrelange konstruktive Zusammenarbeit. Die „Heilmann & Littmann oHG" zählte bald zu einem der größten Hoch- und Tiefbauunternehmen Süddeutschlands. Neben dem Bau von Wohnhäusern und Villen hatte sich das renommierte Architekturbüro auf die Errichtung von Theatern und anderen Monumentalbauten wie zum Beispiel den Bierpalästen spezialisiert. Sie konnten als einzige im Münchner Raum die notwendigen großen Hallen und Säle mit Tonnengewölben überspannen. Zu den bekanntesten Bauwerken von Heilmann & Littmann gehören sicherlich das Hofbräuhaus am Platzl und das Prinzregententheater in München.

Mehrmals wurde sie in den nächsten Jahren vergrößert, zuletzt 1911 durch die Firma Heilmann & Littmann.

Der Festsaal konnte anschließend Raum für bis zu 2000 Gäste bieten. Im ersten Stock befand sich der „Altmünchener Saal" mit Stadtansichten von Otto Hierl-Deronco und Otto von Ruppert. Zum Bürgerbräukeller gehörte schließlich der zu jener Zeit größte Biergarten Münchens, der sich außerordentlicher Beliebtheit erfreute.

Der Bürgerbräukeller wurde regelmäßig für Großveranstaltungen wie die offiziellen „Sedanfeiern" genutzt, mit denen während der Kaiserzeit der französischen Kapitulation nach der Schlacht von Sedan gedacht wurde. Wie bereits erwähnt nahm der Hitlerputsch 1923 von hier seinen Ausgang. Das Attentat Georg Elsers auf Adolf Hitler ereignete sich anlässlich des 16. Jahrestages dieses Putsches am 8. November 1939. Das Gebäude wurde durch die Detonation damals so schwer beschädigt, dass es abgerissen werden musste. Neu errichtet stand der Bürgerbräukeller der Öffentlichkeit jedoch von nun an nicht mehr zur Verfügung, sondern wurde nur noch von der NSDAP genutzt.

Nach den späteren erneuten Zerstörungen im Zweiten Weltkrieg wurde der Bürgerbräukeller notdürftig wiederaufgebaut; anschließend richteten die Amerikaner hier ein Clublokal ein. Der Festsaal diente als Turnhalle. Erst im Jahr 1958 gaben die Besatzungstruppen den Keller wieder frei. Die Löwenbrauerei kaufte ihn von der Stadt München, an die er zusammen mit dem gesamten Vermögen der NSDAP gefallen war, zurück und betrieb ihn noch bis Ende der 70er-Jahre als „gut bürgerlichen Bierkeller". In sechs verschiedenen Räumen fanden über 2600 Gäste Platz, davon 2000 im Festsaal. Der Rest des ausgedehnten Brauereigeländes hingegen blieb als Ruinengelände bestehen. 1979 wurde der Bürgerbräukeller schließlich abgerissen; an seiner Stelle steht heute zum Teil der Komplex des Kulturzentrums am Gasteig, vor allem aber das City-Hilton-Hotel. Die Gendenktafel für Georg Elser, den mutigen Arbeiter, der den Anschlag auf Adolf Hitler mit seinem Leben bezahlte, muss man heute übrigens gezielt suchen. Man findet sie im rückwärtigen Teil des Geländes am Durchgang vom Gasteig-Kulturzentrum zum Hotel.

Münchner-Kindl-Brauerei

Die Münchner-Kindl-Brauerei steht exemplarisch für die Welle an Brauereineugründungen nach der Einführung der Gewerbefreiheit 1868. Sie war aus der Singlspielerbrauerei in der Sendlinger Straße hervorgegangen, an deren ehemaligen Sitz noch heute das Singlspielerhaus erinnert. Ein Konsortium aus verschiedenen Finanziers sicherte sich 1880 den Besitz der Brauerei, deren Sudbetrieb bereits 16 Jahre zuvor aus der Innenstadt an die südliche Rosenheimer Straße zu den beiden hier liegenden Märzenkellern des Singlspielerbräus verlegt worden war. Die neue Brauerei erhielt den Namen „Münchner-Kindl". In einem nächsten Schritt wurden die bis dahin in der Hochstraße, einer Seitenstraße der Rosenheimer Straße, gelegenen Gaststättengebäude des Singlspielerbräus in einen großzügigen Restaurationsneubau verlegt, der sich an die Brauerei zur Stadt hin anschloss.

Dieser „Münchner-Kindl-Keller" enthielt einen großen Saal, der 1887/88 nochmals erweitert wurde und seinen letzten Schliff durch einen Umbau im Jahr 1899 erhielt. Ausgeführt wurde dieser nach Plänen des Stararchitekten Professor Friedrich von Thiersch von der Firma Heilmann & Littmann. Der Saal hatte anschließend eine Fläche von etwa 1600 m^2, ohne die angegliederten Schenken und Galerien. Er war damit der mit Abstand größte Saal auf Münchner Stadtgebiet sowie einer der größten Säle in Deutschland und bot nun Platz für 5000 bis 6000 Personen. Der Stirnbau des Kellers richtete sich jetzt mit seiner Fassade weithin sichtbar zur Stadt aus. Vor dem Gebäude erstreckte sich ein großer Kellergarten auf einer erhöhten Terrasse mit ebenfalls 1600 m^2 Fläche, der von der Brauerei beziehungsweise dem Keller bis an die Hochstraße reichte.

Für das politische Leben Münchens stellte der Münchner-Kindl-Keller damals eines der wichtigsten Zentren dar. So fanden sich zum Beispiel am 9. Dezember 1901 „auf Einladung der deutschen Centrale für Bestrebungen zur Beendigung des Burenkriegs" sogar ca. 7000 Männer und Frauen im dortigen großen Saal zu einer Protestkundgebung gegen die englische Kriegsführung in Südafrika ein. Nur vier Jahre später allerdings ging die Münchner-Kindl-Brauerei bankrott und wurde am 23. Januar 1905 von der Unionsbrauerei geschluckt, die den Braubetrieb stilllegte und den Keller als Gaststättenbetrieb fortführte. Dass zu jener Zeit das bürgerliche München seine Hausberge zu entdecken und die Sommerfrische zu boomen begann, sah man auch den Bierkellern an: Einer der Festsäle im Münchner-Kindl-Keller war für eine Veranstaltung komplett im Alpendekor gehalten, samt Tannen und Almhütte – der Massentourismus warf seine Schatten voraus.

Nach Aufhebung der sog. Sozialistengesetze wurden im Keller die ersten Maifeiern der Münchner Sozialisten abgehalten. Die spezielle hiesige Art dieser Feiern mit der Verbindung von „Sozialismus und Bierkeller" fand die ausdrückliche Missbilligung des russischen Revolutionärs Lenin, die auch in einem Schreiben seiner damals in München lebenden Ehefrau zum Ausdruck kommt: „In jenem Jahr war es der deutschen Sozialdemokratie zum ersten Mal gestattet worden, einen Umzug zu veranstalten, aber nur unter der Bedingung, dass man Ansammlungen innerhalb der Stadt vermeide und die Feier außerhalb veranstalte. Und nun zogen die deutschen Sozialdemokraten in ziemlich großen Kolonnen mit Kind und Kegel und mit den üblichen Rettichen (!) in der Tasche schweigend im Eilmarsch durch die Stadt, um später in einem Vorortrestaurant Bier zu trinken. An eine Demonstration aus Anlass des Weltfeiertages der Arbeiterklasse erinnert diese ‚Maifeier' in keiner Weise."

Am 21. März 1914 hielt Rosa Luxemburg im Münchner-Kindl-Keller ihre engagierte Rede über „Militarismus und Volksfreiheit". Der riesige Saal war brechend gefüllt und der Andrang so groß, dass die Veranstaltung nochmals wiederholt wurde. Luxemburg wetterte in „für München ungewohnter Schärfe" gegen Regierungen und Parteien und wurde von den versammelten Arbeitern mit stürmischem Jubel gefeiert. Durch den flammenden Appell, eine allfällige Bewilligung von Kriegskrediten zu verhindern, versuchte sie, die drohende Katastrophe des Ersten Weltkrieges noch abzuwenden – vergeblich.

Der große Gastsaal des Kellers wurde während des Ersten Weltkrieges in eine Truppenunterkunft umgewandelt. Hunderte von Feldbetten fanden dort Seite an Seite Platz. Nach dem verlorenen Krieg fusionierte die Unionsbrauerei, die den Keller betrieb, 1921 mit der angeschlagenen Löwenbrauerei. Der unrentabel gewordene Gaststättenbetrieb im Münchner-Kindl-Keller wurde 1922 eingestellt. Schon 1915 hatte die Firma Cenovis, die Nährmittel produzierte, die Brauereigebäude an der Rosenheimer Straße von der Unionsbrauerei übernommen. Jetzt kauften die Cenovis-Werke auch den großen Saalbau des Münchner-Kindl-Kellers. Mit dem Kriegsbeginn im Jahr 1939 erfolgte die Untervermietung des Saals an das Reichstelegraphen-Zeugamt.

Im Zweiten Weltkrieg wurde der Keller durch Bombardierung vollständig zerstört, über zwei Jahrzehnte lang befand sich hier ein Ruinenfeld. Erst 1968 wurde die „Auto-Zentrum GmbH & Co" gegründet, die hier auf dem 16 760 m² großen Grundstück (195 m entlang der Rosenheimer Straße, 147 m entlang der Hochstraße) ein Großhotel mit ausgegliedertem Boardinghaus, eine Ladenstraße mit Einzelhändlern und mehreren Gaststätten, eine Bowlingbahn, ein „elegantes“ Autozentrum sowie eine großzügig dimensionierte Tiefgarage plante. Dieses Großprojekt sollte „das Gesicht der Isarhöhe prägen und mit dem Maximilianeum und der Giesinger Heilig-Kreuz-Kirche eine städtebauliche Dominante ersten Ranges bilden“.

1969 wurde mit dem Abriss der Ruinen des Münchner-Kindl-Kellers begonnen, wobei sich die Arbeiten über mehrere Jahre hingezogen. Mittlerweile dominieren das „Holiday Inn“-Hotel und das „Motorama“-Einkaufszentrum tatsächlich auf ihre ganz spezielle Weise den Anfang der Rosenheimer Straße.

Schleibinger-Keller

Die Schleibingerbrauerei wurde relativ spät (1584) in der Theatinerstraße gegründet. Der Braubetrieb bestand hier noch bis kurz nach der Gründung des Deutschen Reiches. 1872 fiel sie durch Wiederheirat der Witwe des letzten Bräus mit Franz Xaver Schmederer an dessen Brauerei, den Paulanerbräu.

Der neue Schleibingerkeller wurde erst um 1840 angelegt und befand sich deshalb etwas abseits der Hauptstraßen, um die sich ansonsten die Lagerkeller gruppierten. Bereits 25 Jahre nach seiner Erbauung wurde auf dem Gelände eine Fassfabrik errichtet, wobei der Keller noch bis ins Jahr 1922 als Gaststätte mit Biergarten weiter betrieben wurde. Die von der Rosenheimer Straße abgehende Seitenstraße, an der dieser Keller ehemals gelegen war, trägt heute noch dessen Namen.

Hofbräu

Der staatliche Hofbräu wurde 1589 von Herzog Wilhelm V. „dem Frommen“ gegründet und lag ursprünglich im Alten Hof. Zunächst wurde hier Braunbier gebraut, und zwar ausschließlich für die „Notdurft“ des Hofes, also für den Bedarf des herzoglichen Personals. Bald jedoch wurde das Bier auch an die

Bevölkerung verkauft, was für die bürgerlichen Brauer eine entsprechend empfindliche Konkurrenz bedeutete. Unter dem geschäftstüchtigen Sohn und Nachfolger Wilhelms, dem späteren Kurfürsten Maximilian I., kam ab 1602 zusätzlich das mit herzoglichem Monopol behaftete Weißbierbrauen hinzu. Dieses expandierte kräftig, so dass es 1607 aus dem Alten Hof in einen Neubau am Platzl zog. Im Jahr 1808 wurde auch die Braunbierbrauerei ans Platzl verlegt. Schließlich verfügte König Ludwig I. 1828 die sog. „Gastung", das heißt die Erlaubnis, im Hofbräuhaus auch Gäste zu bewirten.

Die beengten Platzverhältnisse erforderten auf Dauer den Umzug der Brauerei. Dieser fand unter Prinzregent Luitpold im Jahr 1896 statt; sie wurde an die Innere Wiener Straße verlagert. Dort war an der Ecke zum Wiener Platz schon 1865 ein Märzenkeller vom Hofbräu erworben worden. Dessen Ausschank war 1876 grundlegend renoviert und zwei Jahre später ein „amerikanischer Eiskeller" daneben fertiggestellt worden. Erst nach dem Auszug der Brauerei wurde das Hofbräuhaus am Platzl in den heute so bekannten Bierpalast umgebaut, der als Touristenattraktion etwa 35 000 Besucher täglich zählt.

Für den geplanten industriellen Großbetrieb hatte man zuvor stadteinwärts an den bereits vorhandenen Keller am Wiener Platz angrenzende Grundstücke aufgekauft. Das neue Hofbräugelände erstreckte sich somit vom Wiener Platz entlang der Nordseite der Inneren Wiener Straße bis kurz vor das Leprosenspital am Gasteigberg, von dem heute noch die Nikolai-Kirche erhalten ist.

Entlang der Inneren Wiener Straße lagen danach vier annähernd gleichgroße mächtige Bauten mit je vier Stockwerken in Neurenaissance-Architektur. Die drei Höfe zwischen den Gebäuden wurden zur Straße hin von einer hohen Mauer mit großen Toreinfahrten begrenzt. Das stadtauswärts gesehen erste Gebäude lag direkt über den beiden nebeneinanderliegenden Faberbräukellern, seine Front musste aber gegenüber den Kellern deutlich nach vorne zur Straße hin versetzt werden, um die einheitliche Fassadenreihe zu ermöglichen. Dadurch konnten auch die darunterliegenden Lagerkeller bis zur Straßenfront erweitert werden. Der letzte Brauereiblock bestand aus zwei an-

Der alte Hofbräukeller am Wiener Platz, dahinter der Neubau des Sudhauses

einandergefügten Gebäuden. Der Teil zum Wiener Platz hin ersetzte die bisherigen oberirdischen Gebäude mit einem modernen Bierpalast. Der angrenzend in der Inneren Wiener Straße gelegene Teil wurde über dem dritten Faberbräu-Lagerkeller errichtet, in dem die Mälzerei untergebracht war. Von außen nicht von den übrigen Brauereigebäuden zu unterscheiden, wiesen nur die mächtigen Türme der Darren auf den eigentlichen Zweck dieses Gebäudes hin, nämlich die Röstung und Aufbewahrung des Malzes. Die Außenwände der Mälzerei waren dabei wie die älteren Keller aus Ziegeln gemauert, während der Innenausbau vorwiegend aus Eichenholz bestand.

Der Garten dieses Hofbräukellers verfügte über hölzerne Arkaden, die nach dem Umzug der Brauerei zum Unterstellen der Pferde dienten. Eine traurige Episode während der Unruhen nach dem Ende des Ersten Weltkrieges ist mit diesem Garten verknüpft: Nachdem die nach sowjetischem Vorbild geschaffene Münchner Räterepublik blutig niedergeschlagen worden war, wurden hier mehrere vollkommen unschuldige und unbeteiligte Perlacher Bürger erschossen. An diese von Angehörigen der Freikorps verübte Gräueltat erinnert eine Tafel rechts am Eingang zum Biergarten. Adolf Hitlers früheste parteipolitische Rede fand ebenfalls im Hofbräukeller am Wiener Platz statt (am 16. Oktober 1919); nachzulesen ist der Verlauf dieser Rede in seinem Buch „Mein Kampf". Im Zweiten Weltkrieg glücklich verschont geblieben, richteten die Amerikaner hier vorübergehend ihr Hauptquartier ein.

Wie alle Münchner Großbrauereien gab auch Hofbräu das Mälzen der Braugerste in der zweiten Hälfte des 20. Jahrhunderts an auswärtige Betriebe ab. Entsprechend stand die Mälzerei bereits seit einigen Jahren leer beziehungsweise wurde als Lagerraum untervermietet, als am 6. April 1987 ein verheerender Brand ausbrach. Dieser zerstörte die gesamte Innenein-

Faberkeller im Hofbräu

Auf dem neuen Betriebsgelände des Hofbräus befanden sich bereits drei Lagerkeller des Faberbräus Johann Schöttl, die schon Jahrzehnte zuvor errichtet worden waren. Zwei davon lagen direkt benachbart im nun äußersten westlichen Teil des Hofbrauereigeländes. Der dritte Keller befand sich am östlichen Rand des Grundstückes direkt neben dem neu errichteten Hofbräukeller am Wiener Platz. Diese ehemaligen Faberbräu-Keller wurden vom Hofbräu weiterhin benutzt. Die beiden benachbarten, ursprünglich zurückgesetzt gelegenen Keller wurden nach vorne bis zur Inneren Wiener Straße vergrößert.

Deren Außenwände wurden von der „Bayerischen Hausbau" später zur Abstützung der Baugrube für ihren Neubau verwendet. Hier konnten die Architekten neben den üblichen Spundwänden auf die massive Bauweise dieser Kellerwände zurückgreifen. „Im Straßenbereich, wo z. T. noch die alten tiefen Kellermauern vorhanden sind, sollen diese in den Baugrubenverbau integriert und rückverankert werden." Diese Maßnahme sollte unserem Spaziergänger aus dem Vorwort fast zum Verhängnis werden …

richtung, während die massiven Außenmauern stehen blieben. 1988 verlagerte das staatliche Hofbräu seinen Brauereibetrieb daraufhin nach München-Riem, wo bis heute die moderne Brauerei besteht. Anschließend wurden die vom Brand verschont gebliebenen übrigen Brauereigebäude abgerissen, während ironischerweise die ausgebrannte, aber unter Denkmalschutz stehende Mälzerei mit großem Aufwand umgebaut werden musste. Sie wurde an die „Bayerische Hausbau" verkauft und dient heute als Bürohaus. Auf dem übrigen Gelände wurde ein modernes Wohn- und Geschäftshaus errichtet.

Die Fassade des Hofbräukellers wurde nach aufwändiger Renovierung 1993 mit dem Fassadenpreis der Stadt München ausgezeichnet. Die weitläufigen Kelleranlagen sind im Hofbräukeller zumindest noch teilweise zugänglich; sie beherbergen heute unter anderem den Tanzclub „Maratonga" sowie „Andi Schweigers Kochschule".

Franziskaner-Leist-Brauerei

Die Franziskanerbrauerei lässt sich bis in die Zeit des Patrizierbrauens zurückverfolgen. 1808 erwarb der Franziskanerbräu Markus Buh(l) einen Acker von drei Tagwerk Größe (ca. 10 000 m^2) „auf der Lüften", das heißt auf dem Isar-Hochplateau oberhalb der Au. Dort errichtete er einen Bierkeller, wo er am 21. Juni 1815 zusätzlich eine zweite Sudpfanne aufstellen durfte. Die Franziskanerbrauerei wurde 1836 von der Familie Deiglmayr übernommen; seit 1842 führte sie August Deiglmayr. Er verlegte 1855 den Braubetrieb zu dem Lagerkeller und errichtete hier zusätzlich ein neues Sudhaus. Er war ein Schwager sowohl des Spatenbräus Gabriel Sedlmayr des Jüngeren als auch dessen Bruders Joseph. Letzterer schied zu Gunsten seines jüngeren Bruders aus der väterlichen Spatenbrauerei aus und kaufte 1842 die Leistbrauerei in der Sendlinger Straße. Ein Jahr nach der Franziskanerbrauerei siedelte auch Joseph Sedlmayr mit seiner Brauerei auf das Areal zwischen Hoch- und Franziskanerstraße um. 16 Jahre später fusionierten Franziskaner- und Leistbrauerei. August Deiglmayr wechselte 1861 nach Wien-Schwechat zu Anton Dreher, dem alten Freund Gabriel Sedlmayrs. Joseph führte die Franziskaner-Leist-Brauerei anschließend alleine weiter.

Der Hauptarchitekt der Münchner Bierpaläste, Gabriel von Seidl, erbaute schließlich 1886 an der Hochstraße einen neuen Festsaal. Im Krieg schwer beschädigt wurde der Franziskanerkeller 1955 zwar wiedereröffnet, ohne allerdings die Vorkriegsarchitektur – sofern noch vorhanden – zu respektieren. Anfang der 70er-Jahre schließlich ließ die marode Bausubstanz nur noch den Abriss zu.

Salvatorkeller

Die Geschichte der Paulanerbrauerei reicht bis in die Zeit des Dreißigjährigen Krieges zurück. Damals holte sich Kurfürst Maximilian I. die Mönche des Ordens des heiligen Franz von Paola in das Kloster Neudeck „ob der Au". Sie mussten sich aufgrund ihrer Ordenszugehörigkeit an sehr strenge Fastenregeln halten; so waren Fleisch, Eier und Milchprodukte lebenslang untersagt. Daher haben sich die Brüder frühzeitig mit den Vorzügen des Bierbrauens vertraut gemacht nach dem Motto: „Flüssiges bricht Fasten nicht." Bis zu vier Liter Bier täglich waren erlaubt.

Kurz nach der Ansiedlung in München trat der Erbe des Lerchlbräus aus der Neuhauser Straße in den Orden ein, wodurch auch die Braugerechtigkeit an die Mönche gelangte. Allerdings war ihnen ausschließlich das Brauen für die „Hausnotdurft", den Eigenbedarf, erlaubt. Bereits 1634 beschwerten sich aber die Vierer der Münchner Brauer beim Magistrat, dass die Paulaner am Sudhaus in der Neuhauser Straße auch Bier verkaufen würden. Das prompt ausgesprochene Verbot des Magistrats wurde von den frommen Mönchen schlichtweg ignoriert. Schließlich wurde der Braubetrieb auf das Klostergelände verlagert, wo der untersagte Biervertrieb solange beharrlich fortgeführt wurde, bis er schließlich offiziell gestattet war.

Für die Fastenzeit sotten die Mönche ein besonders starkes Bier, einen sog. Doppelbock. Dieser wurde zu Ehren ihres

Ordensgründers um dessen Namenstag herum als „Sankt-Vaters-Bier“ gebraut, was sich im Münchner Volksmund rasch in „Salvator“ verschliff. Maßgeblich für den Erfolg dieses Starkbiers war der Braumeister Bruder Barnabas, nach dessen Rezeptur bis heute gebraut wird. Unter seiner Führung erreichte die Brauerei etwa den vierfachen Bierausstoß einer durchschnittlichen bürgerlichen Brauerei.

Franz Xaver Zacherl

Eine der bedeutenden Figuren im Münchner Braugewerbe des 19. Jahrhunderts war der ehemalige Koch Zacherl (1772–1849). Er lernte erst später das Brauerhandwerk und wurde durch seine Heirat mit der Brauerstochter Elisabeth Schmederer zum Bräu der Hallerbrauerei am Beginn der Neuhauser Straße. Mit großem Interesse an allen technischen Neuerungen seiner Zeit stellte er nach dem Wechsel zur Paulanerbrauerei den Braubetrieb vollständig auf Dampfkraft um, wobei die Besonderheit war, dass mit dem Dampf nicht nur die Maschinen angetrieben, sondern auch der Sudkessel beheizt wurde. Dadurch wurde das ansonsten häufige Anbrennen der Würze am Boden des Sudkessels verhindert. Dieses „Dampfbier“ kam bei den Münchnern außerordentlich gut an. Die Technik wurde im Weiteren von allen größeren Münchner Brauereien übernommen.
Die größten Erfolge konnte Zacherl allerdings mit dem „Salvator“ erringen. Später gelang es ihm durch Fürsprache König Ludwigs I., dieses Bier als Luxusbier – das teurer als normales Bier verkauft werden durfte – kennzeichnen zu lassen. Nach Einführung des ersten Markenschutzgesetzes wurde „Salvator“ zur eingetragenen Marke der Paulanerbrauerei, so dass alle übrigen Brauereien ihre bis dahin ebenfalls „Salvator“ genannten Starkbiere umbenennen mussten („Triumphator“, „Maximator“ etc.). Zacherl konnte diesen geschäftlichen Erfolg allerdings nicht mehr genießen; er nahm sich kinderlos im Jahr 1849 das Leben. Die Brauerei wurde von den beiden Neffen seiner bereits verstorbenen Frau, den Gebrüdern Schmederer aus Tölz, fortgeführt. Paulaner wurde anschließend in eine Aktiengesellschaft umgeformt.

Noch vor der Säkularisation löste sich der Paulanerorden in München auf eigenen Wunsch auf. Weder unter staatlicher Führung noch unter der anschließenden Regie des Malteserordens gedieh die Brauerei, so dass sie schließlich an Franz Xaver Zacherl zunächst verpachtet, dann verkauft wurde.

Der Ausschank des „Salvator“ fand zunächst bis 1846 direkt in der Paulanerbrauerei statt, danach im Zacherlkeller neben dem Braugelände. Wegen des großen Andrangs wurde der Ausschank ab 1861 oben auf den Nockherberg verlegt. Dort war Anfang des 19. Jahrhunderts ein großer Lagerkeller angelegt worden. Zum „Salvator“-Anstich pilgerten regelmäßig Heerscharen von Münchnern in langen Schlangen zum Bierkeller, wobei aber der Abstieg im Anschluss an den Kellerbesuch immer die eigentliche Herausforderung war. Die erste Salvatorrede wurde im Jahr 1881 von Jakob (Papi) Geis gehalten.

Unionsbräu

Der Keller des Unionsbräus lag nicht am Gasteig, sondern weiter nördlich in Haidhausen. Die Unionsbrauerei ging aus dem Löwenhauserbräu, gegründet 1551 in der Sendlinger Straße, hervor. Es folgten zahlreiche Umbenennungen: bis 1875 „Aktienbrauerei zur Schwaige“, danach „Fügerbräu“, ab 1881 „Gambrinus“, 1885 Unionsbräu. Ihre Geschichte ist untrennbar verbunden mit Josef Schülein, einer der markantesten Gestalten der Münchner Brauerszene.

Schülein erwarb 1885 die bereits unrentabel gewordene Brauerei in der Einsteinstraße und führte sie in kurzer Zeit ins Spitzenfeld der Münchner Brauereien. Bereits vor dem Ersten Weltkrieg wurde die Münchner-Kindl-Brauerei übernommen. Nach dem Krieg kam es zur Fusion mit der ins Trudeln geratenen Löwenbrauerei. Allerdings behielt man, obwohl der wirtschaftlich stärkere Partner, den traditionsreicheren Namen Löwenbräu aus Marketinggründen bei. Noch im selben Jahr wurde auch der Bürgerbräu von der Löwenbrauerei geschluckt. In den Bombennächten 1943 und 1944 wurde die gesamte Unionsbrauerei allerdings zerstört.

Josef Schülein

Der aus Thalmässing stammende jüdische Kommerzienrat Josef Schülein (1854–1938) war in ganz Haidhausen als Kinderfreund und Wohltäter bekannt, was ihm den Beinamen „König von Haidhausen" einbrachte. „Der Schülein … ist meistens so um zehn, halb elf Uhr rausgefahren mit der Trambahn nach Haidhausen. Er hat immer so einen großen schwarzen Hut aufgehabt, … einen weiten offenen Mantel, und darunter hat er an einem Riemen eine Geldkatze gehabt. Und der Schülein hat die Kinder so gern mögen." Diese erwarteten ihn schon vor der Unionsbrauerei, und ohne Münze musste keines heimgehen. Sein Sohn Hermann war nach dem Rückzug Schüleins Generaldirektor der Löwenbrauerei, bis er 1933 auf Druck der Nationalsozialisten nach Amerika auswandern musste.

Das „Recycling“ der Bierkeller

Man kann es sich heute kaum mehr vorstellen, wie sehr das Stadtbild Münchens von den einmal mehr als 60 Bierkellern geprägt war. Selbst wenn man heute sehr aufmerksam durch die Stadt schlendert, wird man sich schwer tun, Spuren zu finden, die an diese Zeit erinnern. Denn für viele der nach dem Untergang der Kellerstadt am Gasteig übrig gebliebenen Lagerkeller bedeutete das Ende der Biereinlagerung, das dem Konkurs der Brauereien folgte, auch das Aus für die Keller selbst. Nur wenige dieser so solide ausgeführten unterirdischen Gewölbe wurden mit neuen Aufgaben betraut. Die Akten der Lokalbaukommission oder des Stadtarchivs reichen im Regelfall nur bis zum Bau der ersten Häuser während der Gründerzeit zurück. Wie mit den zuvor dort befindlichen Lagerkellern umgegangen wurde, ist in den offiziellen Dokumenten leider nicht festgehalten. In den letzten Jahrzehnten jedoch wurden an mehreren ehemaligen Kellerstandorten neue Gebäudekomplexe errichtet. Bei den Bauarbeiten kam dabei oft Erstaunliches ans Licht, was den Umgang mit den alten Gewölben anging.

Auf dem früheren Gelände des Hofbräus zum Beispiel (siehe Kapitel „Der Untergang der Kellerstadt“) war den Architekten zufolge eine der größten Herausforderungen die Umgestaltung der in über 9 m Tiefe liegenden Kellergeschosse in eine moderne Tiefgarage. Ähnliches wurde über den Bau der Garagen des Möbelhauses „Möbel Krügel“ an der Bayerstraße berichtet, für die ebenfalls der ehemalige Spatenkeller mitbenutzt wurden. In diesen Fällen wurde also versucht, die vorhandene historische Bausubstanz in die Neubauten zu integrieren.

Bei anderen Bauprojekten erwiesen sich die Bierkeller als unvorhergesehene Hindernisse und das historische Erbe stand den Bauplänen im Weg. Beim Aushub der Baugrube für das „Hotel Preysing“ am Gasteig an der Ecke Stubenvoll-/Preysingstraße zum Beispiel stieß man auf die Reste des einst dort gelegenen Wagnerkellers (Keller 6 auf dem Plan S. 76). Wie Anneliese Würbser, die Geschäftsführerin des Hotels berichtet, konnte das Gewölbe beim Bau des Hotels zerschlagen werden, da es nicht denkmalgeschützt war. Auch bei den großen Erdarbeiten für die Errichtung des Kulturzentrums Gasteig fanden die Arbeiter mehrere Lagerkeller entlang der Kellerstraße, „ohne das aus der Planung vorausgesehen zu haben“, wie der damalige Bauleiter mitteilt. Das heißt, dass bereits Ende der 1970er-Jahre die frühere Kellerstadt schon vollständig in Vergessenheit geraten war! Die auf dem Baugrund des Kulturzentrums liegenden ehemaligen Keller wurden dann im Auftrag des Baureferats eingerissen und mit mehreren Tausend Kubikmetern Beton verfüllt. Zuvor wurden noch einige der großen Lagerfässer aus den unterirdischen Kellergewölben für wenige Mark verkauft.

Eine derartig vollständige Beseitigung der massiv gemauerten Keller kam um die Wende vom 19. zum 20. Jahrhundert nicht in Frage. Daher wurden die Bauten der Gründerzeit zumeist über den ehemaligen Lagerkellern errichtet. Diese befanden sich hier allerdings häufig im hinteren Teil der schmalen Grundstücke (siehe Plan S. 76). Die neuen Wohnhäuser hingegen standen entlang der Straßenfront. Ihre Rückgebäude aber wurden zum Teil exakt über den Lagerkellern errichtet, sodass diese noch weiter Verwendung fanden. Andere Keller wurden offenbar aufgelassen und liegen heute quasi unter den Innenhöfen „begraben“.

Im Gegensatz dazu waren im Westen die Gaststätten und Biergärten auf den großen Lagerkellern bis zum Zweiten Weltkrieg in Betrieb. Der Bombenkrieg ließ allerdings nichts mehr von ihnen übrig, sodass ihre Standorte in der neuzeitlichen Bebauung heute nicht mehr identifizierbar sind (mit einer einzigen Ausnahme: dem Augustinerkeller).

Zu Beginn des NS-Regimes wurde in München auf die Gefahr aufmerksam gemacht, die von etwaigen feindlichen Luftangriffen drohen würde. Ausführlich wurde auf die Bedrohung der „Hauptstadt der Bewegung“ mit Luftschutzwerbetagen hingewiesen; die Stadt wurde als besonders stark luftkriegsgefährdet eingestuft und in Gefahrenzonen unterteilt. Konkrete Schritte für den Aufbau von Luftschutzeinrichtungen blieben jedoch die Ausnahme, so dass mit Beginn des Zweiten Weltkrieges die

Bevölkerung Münchens in keiner Weise über genügend geeignete Luftschutzkeller verfügte. Zudem wähnte man sich in den ersten Kriegsjahren noch sicher außerhalb der Reichweite der Royal Air Force. Erst nach deren ersten schweren Bombenangriffen im September 1942 wurde versucht, das Versäumte nachzuholen.

Verantwortlich für die Organisation beziehungsweise den Ausbau des Luftschutzes war der Polizeipräsident von München. Für dessen Zentrale nutzte man die tief im Nockherberg gelegenen, bombensicheren Lagerkeller der Paulanerbrauerei. Ein Teil des Stollensystems, das die unterirdischen Räume miteinander verband, wurde auch für die Zivilbevölkerung freigegeben. Beim Bürgerlichen Bräuhaus, das im Gegensatz zu den Paulanerkellern ungeschützt oberhalb des Gasteigs in Haidhausen lag, wurde ebenfalls ein Luftschutzkeller in den unterirdischen Lagerkellern eingerichtet. Diese Maßnahme wurde zusammen mit dem Wiederaufbau des Kellers nach dem Bombenanschlag Georg Elsers auf Adolf Hitler (s. S. 109f.) im Laufe des Jahres 1941 durchgeführt. Zur Verstärkung des Kellers wurde oberhalb der Gewölbedecke zusätzlich eine Betondecke eingezogen. Auch der Augustinerkeller wurde vollständig mit Beton ausgekleidet, um ihn als Luftschutzbunker tauglich zu machen. Nach Aussage von Zeitzeugen fanden auch andere ehemalige Lagerkeller während der Kriegsjahre Verwendung als Luftschutzkeller.

Heutzutage erschließt sich die glorreiche Kellergeschichte Münchens wegen der zahlreichen baulichen Veränderungen der Neuzeit also nicht mehr auf den ersten Blick. Um den Werdegang einiger ehemaliger Bierkeller zu rekonstruieren, muss man die Unterlagen der Brauerei- oder Stadtarchive zu Rate ziehen. So lässt sich ein spannendes Bild der „Einzelschicksale“ und der oft phantasievollen Weiternutzung dieser Keller zeichnen, teilweise bis in unsere Zeit hinein.

Innere Wiener Straße 2

Auf diesem Grundstück lag ehemals der Lagerkeller des Hallerbräus (Keller 5 auf dem Plan S. 76). Diese Brauerei entwickelte sich zu einer der größeren in München. Auch Franz Xaver Zacherl, der spätere legendäre Besitzer der Paulanerbrauerei, hatte seine Karriere als Hallerbräu begonnen. Der 1833 erbaute Märzenkeller der Hallerbrauerei lag ganz vorne am Gasteigberg zwischen Preysing- und Innerer Wiener Straße. Der Hallerbräu wurde noch bis ins Jahr 1859 betrieben. Der letzte Bräu, der 1850 im Stadtplan von Gustav Wenng auch als Besitzer des Hallerbräukellers aufgeführt ist, hieß Anton Schützinger. Der nach ihm so benannte „Schützingerkeller" wurde später vollständig abgerissen. An seiner Stelle entstand 1890 mit dem repräsentativen, sechsstöckigen Stadtpalais, seinen beiden Ecktürmen und der vorgelagerten überdachten Terrasse ein eindrucksvolles Entrée nach Haidhausen. Besitzer des Hauses war später die Spaten-Franziskaner-Leistbräu AG, die im Erdgeschoss das „Café Gasteig" einrichtete und verpachtete. Die massiven Mauern des ehemaligen Lagerkellers wurden nur zu kleinen Teilen in die neuen Kellermauern integriert. Die Keller selbst wurden verfüllt und nicht weiter genutzt.

Das Gebäude wurde während des Zweiten Weltkriegs schwer beschädigt und nach Kriegsende provisorisch wieder instandgesetzt. Am Morgen des 17. Januar 1955 kam ein orkanartiger Sturm auf, der das gesamte Blechdach einschließlich der hölzernen Dachbalkenkonstruktion fortriss und Teile bis weit in die gegenüberliegenden Grünanlagen des Gasteigs trug. Bis vor einigen Jahren stand hier das – inzwischen bereits wieder geschlossene – „Café Atlas".

Innere Wiener Straße 4–8

Das neben dem „Hotel Preysing" in der Stubenvollstraße an der Ecke zur Inneren Wiener Straße liegende Restaurant „Nektar" zeigt eine außergewöhnlich kreative Nutzung der alten Bierlager. Über den Kellern von Thor-, Unterkandler- und Büchlbräu (Keller 7, 8 und 9 auf dem Plan S. 76) wurden oberirdisch zunächst Bauten der Gründerzeit, nach dem Zweiten Weltkrieg gesichtslose Neubauten errichtet. Das „Nektar" hingegen nutzt seit 20 Jahren die komplett sanierten alten Bierlagerkeller. Der Zugang führt von der Stubenvollstraße über mehrere Treppenabsätze direkt hinunter in den circa 8 m tief gelegenen Kellerbereich. In unterschiedlichen Farben gehalten beherbergt der frühere Thorbräukeller die Red Bar und die Orange Lounge, während im Unterkandlerkeller die Bar und der White Club untergebracht sind. Am eindrucksvollsten aber präsentiert sich der ehemalige Büchlbräukeller, der naturbelassen als Ausstellungsraum genutzt wird. Es herrscht eine ganz eigene Atmosphäre in den leicht kühlen Kellern, man ist dort förmlich von Geschichte umgeben. Aus Gründen der Statik stützen heute mehrere Betonpfeiler die Kellerdecken ab.

Innere Wiener Straße 10

Hier lässt sich besonders gut nachvollziehen, wie die Architekten der Gründerzeit die bestehenden Lagerkeller in ihre Neubauten zu integrieren verstanden. Der Bierbrauer Joseph Sedlmayr vom Leistbräu kaufte für seinen immer größer werdenden Bierausstoß beständig Lagerkeller von anderen, meist bereits ruinierten Brauereien hinzu. So erwarb er auch zwei direkt benachbarte Keller an der Inneren Wiener Straße (Keller 11 und 12 auf dem Plan S. 76). Diese lagen in der Mitte des Grundstückes, das nach hinten bis zur Preysingstraße reichte. Im Jahr 1897 wurde vorne an der Straße ein prachtvolles vierstöckiges Stadthaus errichtet, das leider dem Krieg zum Opfer fiel. In der Mitte der Fassade gab es eine Durchfahrt zum dahinter liegenden Teil des Grundstücks. Dort war ein etwas kleineres, zweistöckiges Rückgebäude erbaut worden. Dieses nun stand exakt auf dem Grundriss der beiden ehemaligen Lagerkeller des Leistbräus. Der Boden des Bierkellers befand sich 7,80 m unter der Erde. Der darüber befindliche, ehemals zur Isolation mit Kies verfüllte Zwischenraum von 3 m Höhe wurde geleert und jetzt als neuer Keller des Rückgebäudes verwendet. Aus statischen Gründen wurde dann eine Betondecke auf Straßenniveau eingezogen und darauf das eigentliche Rückgebäude errichtet. Dieses existiert heute nicht mehr.

Brauerei zum Dürnbräukeller

Eine Besonderheit bei der Nachfolgenutzung der ehemaligen Bierkeller stellt das Dreieck zwischen Preysing- und Kellerstraße dar, das im Osten von der Holzhofstraße begrenzt wird. Entlang dieser Straße lag das Grundstück des Sterneckerbräus Johann Baptist Trappentreu. Im vorderen, spitz zulaufenden Areal, befanden sich dagegen einst zwei direkt aneinander grenzende Lagerkeller des Dürnbräus (Keller 20 und 21 auf dem Plan S. 76). Diese Brauerei wurde 1482 im Tal gegründet. Johann Nepomuk Schwanghart, der spätere Schwiegervater des Spatenbräus Gabriel Sedlmayr des Jüngeren, kaufte 1819 die Brauerei mit den beiden Lagerkellern am Gasteig. Er legte den Braubetrieb in der Stadt still und führte ihn nur noch als Gaststätte weiter. Die ehemalige Brauerei dort wurde ab 1863 von Gabriel Sedlmayr wieder als Mälzerei betrieben.

Das Grundstück zwischen Preysing- und Kellerstraße wurde schließlich von Johann Baptist Leiss erworben, der hier eine Malzfabrik errichtete und die bestehenden Gebäude in den neuen Komplex integrierte. Leiss ließ dann ein repräsentatives Wohnhaus direkt im Spitz des Grundstückes sowie ein neues Bräuhaus an der Preysingstraße errichten. Damit gründete er also direkt auf dem Gelände der ehemaligen Lagerkeller wieder eine Brauerei, die er deshalb „Zum Dürnbräukeller" nannte. In den Grundbüchern wurde Leiss von nun an als „Bierbrauereibesitzer und Malzfabrikant" geführt. Die Brauerei wurde in den 1870er-Jahren erweitert. Später wurde unter anderem eine Gartenküche mit Ausschank und eigenem Eiskeller eingerichtet. Auf den Brauereibesitzer Leiss folgte Sebastian Meindl, der die Brauerei modernisierte und auf Dampfbetrieb umstellte. Zusätzlich ließ er 1884 ein neues Eishaus direkt über dem alten Eiskeller erbauen.

1889 wurde die Brauerei „Zum Dürnbräukeller" von der Unionsbrauerei erworben, die kurzzeitig ihren Braubetrieb hierhin verlagerte. Die Brauerei wurde dabei in eine Aktiengesellschaft umgewandelt. Nachdem diese in Konkurs gegangen war, wurde der Unionsbräu von dem Brauer Josef Schülein wieder in den alten Räumen in der heutigen Einsteinstraße in Betrieb genommen. Der letzte Brauer auf dem Gelände an der Preysing- und Kellerstraße war schließlich Georg Krammel.

Preysingstraße 15

Auch auf diesem Grundstück lag im rückwärtigen Teil ein alter Keller, der des Metzgerbräus (Keller 16 auf dem Plan S. 76). Die Metzgerbrauerei befand sich im Tal, direkt benachbart zum Sollerbräu. Sie wurde im Jahre 1482 gegründet, eventuell wurde aber bereits schon früher auf diesem Areal gebraut. In der Gaststätte des Metzgerbräus trafen sich die Metzgergesellen vor dem traditionellen „Metzgersprung". Der Name der Brauerei geht allerdings schon zuvor auf eine Brauerfamilie namens Metzger zurück. 1885 wurde die Brauerei vom Besitzer der Wagnerbrauerei in der Au gekauft und zwei Jahre später an die Münchner-Kindl-Brauerei veräußert. Im gleichen Jahr wurde der Braubetrieb eingestellt, die Räume fungierten fortan nur noch als Schanklokal für das Münchner-Kindl-Bier.

Die zwischenzeitliche Nutzung des Lagerkellers an der Preysingstraße lässt sich nicht mehr eindeutig nachvollziehen. Wie viele der aufgelassenen Bierkeller am Gasteig diente er während des Zweiten Weltkrieges wohl als Luftschutzkeller, in den Nachkriegsjahren wurde er als geheimes Lager genutzt. Heute befindet sich im Hof der Preysingstraße 15 das Ladengeschäft der Gasteig Naturwaren GmbH. Deren Geschäftsführer Heinz Nikolaus plant derzeit einen Ausbau der unterirdischen, gut 4,5 m hohen vier Bierlagerkeller, an die zwei niedrigere Stirneiskeller grenzen, als Werkstatt und Holzlager.

Innere Wiener Straße 22–26

Ein schönes Beispiel für die fortgesetzte Nutzung der Lagerkeller sind die an der Inneren Wiener Straße direkt nebeneinander gelegenen Keller dreier Brauereien: Thorbräu-, Kapplerbräu-

und Eberlbräukeller (Keller 19, 18 und 17 auf dem Plan S. 76). Diese Keller befanden sich jeweils in der Mitte zwischen der Inneren Wiener und der Sandgrubenstraße. Letztere wurde hier später umbenannt in Preysingplatz, weshalb die drei Grundstücke heute rückwärtig an den Preysingplatz 3–7 angrenzen.

Innere Wiener Straße 22 (Keller 17): In den historischen Bauakten findet sich ein Plan über den neu zu erbauenden Sommerbierkeller des Eberlbräus Seidl vom 9. Oktober 1811. Die Nachbarn, die dem Bauantrag zustimmen mussten, waren damals der Krapferbräu Taftl und die Witwe des Metzgerbräus Gerhartinger. Die nachfolgenden Eberlbräubesitzer, die Familie Resch, verkauften den Bierkeller an Joseph Sedlmayr vom Franziskaner-Leist-Bräu. Aus den Architekturplänen und Bauanträgen kann man ersehen, dass dieser dann einen weiteren, sehr viel kleineren Eiskeller längs an den Eberlbräukeller anbauen ließ.

Innere Wiener Straße 24 (Keller 18): Das Nachbargrundstück gehörte damals dem Ritter Peter P. von Maffey. Dieser wird in Gustav Wenngs „Topographischem Atlas von München 1849 bis 1851“ als Brauereibesitzer des damals am Promenadenplatz 13 liegenden Kapplerbräu erwähnt, nicht aber als Bräu. Offenbar hat er das Brauhandwerk nicht selbst ausgeübt, sondern das Brauen einem angestellten Bräumeister überlassen. Am 28. August 1847 stellte er einen Antrag „über die Vergrößerung und Herstellung einer Aufreit in dem Kapplerbräukeller“, und nur wenige Monate später, am 14. Dezember 1847, beantragte er die Vergrößerung des Kellergebäudes. Erst nach ca. 20 Jahren ging das Grundstück an einen neuen Besitzer über. In einem Protokoll der Baukommission vom 1. Juli 1867 wurde auch hier der Brauereibesitzer Joseph Sedlmayr als Eigentümer des Grundstücks geführt, der die Genehmigung für zwei Aufbauten auf dem Lagerkeller beantragte.

Innere Wiener Straße 26 (Keller 19): Auf diesem Grundstück lag der Keller der Brauers Franz Xaver Duschl vom Thorbräu am Isartor, welches dort heute noch als Hotel und Gaststätte betrieben wird. Die Brauerei und auch der dazugehörige Lagerkeller wurden im Jahr 1858 wiederum von Joseph Sedlmayr aufgekauft.

Zum Ende des 19. Jahrhunderts waren also alle drei Keller an der Inneren Wiener Straße in den Besitz des Franziskaner-Leist-Bräus Sedlmayr gelangt. Sie durchliefen nun eine wechselvolle Geschichte. Maßgeblich daran beteiligt war die Firma Heilmann & Littmann. Sie erhielt zunächst den Auftrag, an der Inneren Wiener Straße 24 ein repräsentatives Wohnhaus zu bauen. Einem Protokoll des Baureferats vom 25. Februar 1892 ist dann zu entnehmen, dass Heilmann & Littmann auch das Rückgebäude an der Inneren Wiener Straße 22 neu errichteten. Auftraggeber war ein gewisser Franz Paul Gmelch, der 1892 alle drei Anwesen an der Inneren Wiener Straße erwarb.

Franz Paul Gmelch

Franz Paul Gmelch (1844–1902) war kein Geringerer als der „Königlich Bayerische Hofwagenfabrikant", und die Aufträge Ludwigs II. für Prachtwagen und Prunkschlitten ermöglichten ihm den Kauf dieser drei Grundstücke. So ist es dem Nachruf der Bayerischen Botanischen Gesellschaft zu entnehmen, deren gründendes Mitglied und Förderer Gmelch war. Neben seiner Tätigkeit als Wagenfabrikant studierte er ab 1888 Botanik und brachte 1893 das Buch über die „Phanerogamen- und Gefäßkryptogamenflora der Münchener Thalebene" heraus. Gmelch übernahm dabei nicht nur die gesamten Kosten der Drucklegung für diesen Band; er stellte der Gesellschaft darüber hinaus in seinem Haus an der Inneren Wiener Straße einen Raum für die Bücher und die Pflanzensammlung zur Verfügung und übernahm die Kosten für Heizmaterial und Licht. Auch nach seinem Tod durfte die Gesellschaft dieses Angebot weiter nutzen.

Im Juni desselben Jahres beantragte Gmelch beim Baureferat die Vergrößerung der Fenster; als Bauleiter zeichneten wiederum die Ingenieure Heilmann & Littmann verantwortlich. Dieser Bauantrag wurde jedoch nicht genehmigt, weil die auf dem Nachbargrundstück ansässige Münchner-Kindl-Brauerei ihre Unterschrift verweigerte. Die Witwe Gmelchs, eine geborene Louise

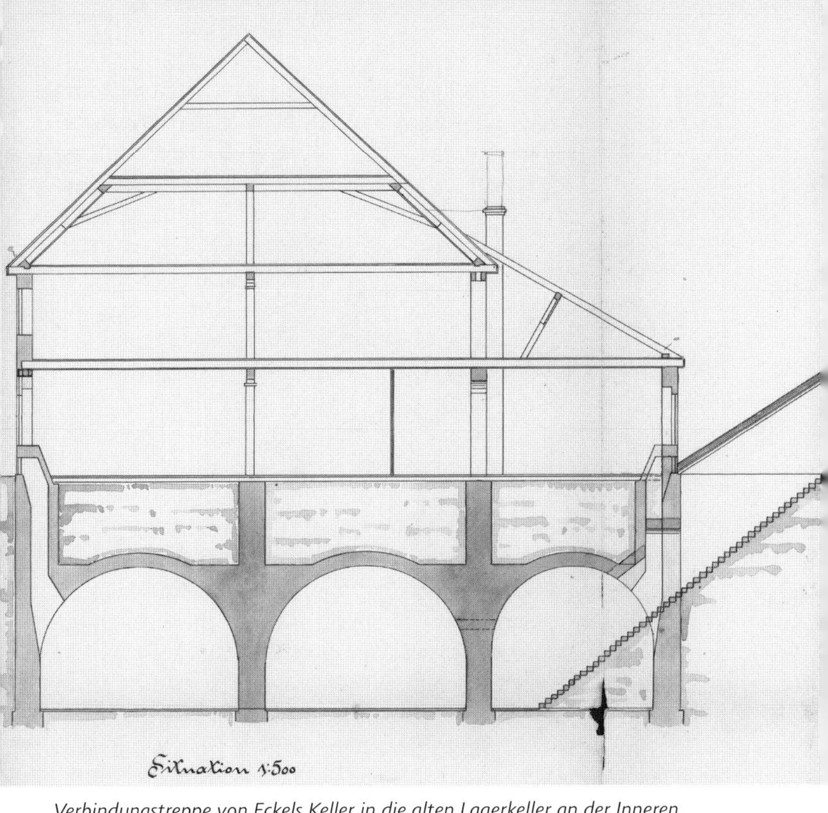

Verbindungstreppe von Eckels Keller in die alten Lagerkeller an der Inneren Wiener Straße

Bodenheim aus Amsterdam, blieb wohl noch bis ca. 1909/10 auf dem Grundstück; in den Akten der Lokalbaukommission ist da bereits von den „Relikten“, den Hinterlassenschaften des Franz Paul Gmelch die Rede. Allerdings nutzte der Hofwagenfabrikant zu seiner Zeit nur die oberirdisch gelegenen Gebäudeteile als Wagenremise, nicht aber die unter den Grundstücken vorhandenen alten Bierlagerkeller. Deren tiefe Lage war für einen Wagenfabrikanten als Garage begreiflicherweise uninteressant.

Das Interesse an den alten Bierlagerkellern änderte sich schlagartig, als auf dem Nachbargrundstück Innere Wiener Straße 20 der Weingroßhändler und Weingutsbesitzer Heinrich

Eckel einzog, seines Zeichens „Königlich Bayerischer Hoflieferant“. Er beantragte am 22. August 1906 beim Baureferat den Bau eines Zugangs von seinen Kellerräumen zu den alten Bierkellern unter Gmelchs Nachbaranwesen. Dabei wurde eine Verbindungstreppe von Eckels Kellern nach unten in die wesentlich tiefer gelegenen alten Lagerkeller errichtet. Damit konnten diese von ihm zum Weinlagern genutzt werden. 1910 oder 1911 erwarb der Weingroßhändler dann alle drei Grundstücke an der Inneren Wiener Straße und blieb dort bis zum Beginn der 1920er-Jahre. Später hat sich Heinrich Eckel auch noch einen weiteren Zugang von der Inneren Wiener Straße 26 aus in die Keller genehmigen lassen. Eine lange Treppe führte dabei von außen in die Tiefen des ehemaligen Bierkellers hinab.

Laut einem Protokoll vom 9. Dezember 1921 ist der Besitz der drei oberirdischen Gebäude anschließend an den Fabrikanten Karl Höflich übergegangen, der dort eine Niederlassung der „Motorwagen-Aktiengesellschaft Daimler“ mit Sitz in Stuttgart, Untertürkheim, gründete. In einem Plan vom 7. Juli 1923 ist bereits von der „Daimler AG“ als Grundstückseignerin die Rede.

Im März 1927 wird dann die Firma „Knorr & Hirth G.m.b.H.“ als Eigentümerin genannt und auch in einem späteren Protokoll vom 6. August 1936 weiterhin als Besitzerin aufgeführt. Es handelte sich dabei um den Münchner Verlag „Knorr & Hirth“, der aus der Druckerei des Verlegers der „Münchner Neuesten Nachrichten“, Thomas Knorr, und dem Kunstverlag seines Schwagers Georg Hirth hervorgegangen war. Nach dem Zweiten Weltkrieg erwarb der Süddeutsche Verlag, für den das Architekturbüro Heilmann & Littmann 1905 das Verlagshaus in der Sendlinger Straße in München errichtet hatte, den „Knorr & Hirth“ Verlag.

Aus den Umbauplänen vom 27. März 1927 nach dem Kauf durch „Knorr & Hirth“ ist ersichtlich, dass die alten Bierlagerkeller intakt blieben. Offensichtlich wurden sie aber nicht von den neuen Besitzern benutzt. Vielmehr fanden die Lagerkeller weiterhin zur Einlagerung von Wein Verwendung. Denn wie uns Zeitzeugen berichteten, wurden in der Besatzungszeit nach dem Zweiten Weltkrieg aus dem Keller zahlreiche Weinflaschen, zum Teil auch ganze Fässer, von den amerikanischen

Soldaten unter Billigung ihres Kommandanten als „Wiedergutmachung“ ausgeräumt.

Ein Teil der darüber liegenden, ursprünglich verfüllten Hohlräume war bereits zuvor einer neuen Nutzung zugeführt worden. Das Füllmaterial aus Kies wurde bis auf eine Schicht knapp oberhalb der darunter liegenden Kellergewölbe entfernt. Darauf wurde ein ca. 15 cm dicker Estrich aus Beton aufgebracht. Eine Treppe führte vom Erdgeschoss zu dieser neu geschaffenen Kellersohle. Dort wurden nun ein Heizungsraum und ein durch eine Verbindungstür von diesem aus erreichbarer Kokskeller untergebracht. Für die Kokslieferungen wurde ein schräger Einfüllschacht durch die Hausmauer gebrochen, der von außen mit einer Klappe verschließbar war.

Heute liegt über den ehemaligen Lagerkellern des Eberl- und Kapplerbräus ein Innenhofparkplatz, der Thorbräukeller ist von einem Rückgebäude im Hinterhof überbaut. Diese Keller liegen jeweils in der Mitte zwischen der Inneren Wiener Straße 22–26 und dem Preysingplatz 3–7. Zu diesen Grundstücken findet sich folgender Hinweis in der Liste der Baudenkmäler in Haidhausen: „Preysingplatz 3/4/5/6/7. Auf dem rückwärtigen Areal unterirdische Anlagen eines ehemaligen Bierkellers.“ In der näheren Beschreibung des Baudenkmals heißt es weiter: „Vierschiffige, langgestreckte Tonnengewölbe aus Ziegelmauerwerk, 1. Hälfte 19. Jh.; Teil der ehemaligen Kellerstadt der Münchner Brauereien in Haidhausen.“ Die Vorstandsvorsitzende des Vereins der Bürgerinitiative Haidhausen, Ingeborg Michelfeit, weiß ebenfalls von der Existenz dieser Bierkeller. Ob sie zu besichtigen sind, oder wer berechtigt ist, diese zu öffnen, entzieht sich jedoch auch ihrer Kenntnis.

Kultur und Kulinarisches im Keller

An die Tradition der alten Lagerkeller am Gasteig knüpfte 1875 die „Aktienbrauerei zur Schwaige“ an, die ihre Braustätte in der Äußeren Wiener Straße 38–44 (heute Einsteinstraße 42) errichtete. Die Brauerei wurde in den Folgejahren mehrmals verkauft und firmierte daher als Füger- oder Gambrinusbrauerei, die letztlich in Konkurs ging. Im Jahre 1885 kam die Wende in Gestalt des jüdischen Unternehmers Josef Schülein, der die Brauerei übernahm und innerhalb der nächsten zehn Jahre den Bierausstoß verzehnfachte. Die Gaststätte „Unionsbräu" erinnert noch heute an diese Brauerei, die sich im gesamten Gelände dahinter bis zur Kirchen- und Seeriederstraße ausdehnte. Bis vor kurzem geschlossen, wurde die Traditionsgaststätte Ende 2015 wiedereröffnet. Im Hinterhof erinnert eine Gedenktafel am ehemaligen Sudhaus an die Geschichte der Unionsbrauerei. Bereits seit Ende der 1970er-Jahre wurde über eine Nutzung der verschont gebliebenen unterirdischen Lagerkeller der Unionsbrauerei debattiert. 1990 wurde schließlich beschlossen, die Keller einer kulturellen Nutzung zuzuführen. Um diesen Beschluss umzusetzen, wurde 1997 die „Kultur-Cooperative" gegründet. Diese bestand aus dem „Theater rechts der Isar", dem Jazzclub „Unterfahrt", dem „Freien Musikzentrum" sowie dem „KiM (Kino im Museum)"; sie übernahm im Folgejahr den Betrieb der über 2000 m^2 großen Keller. Allerdings schieden das Theater sowie das Musikzentrum bereits nach wenigen Jahren aus. Die unterirdischen Lagerkeller der Brauerei sind heute als einzige am ganzen Gasteigberg noch erhalten und öffentlich zugänglich.

An der Inneren Wiener Straße 19 wurden die früheren Bierkeller des Hofbräus im Jahre 2013 zu „Andi Schweigers Kochschule" umfunktioniert. Schweiger betreibt mit seiner Frau Franziska das Restaurant „schweiger²" in München. Für die Kochschule am Wiener Platz wurde ein Teil der alten Kellerräume umgebaut und in den Tonnengewölben eine Schauküche untergebracht. Dort werden heute verschiedene Kochkurse angeboten; die Teilnehmer verspeisen das selbst zubereitete Menü anschließend im nebenan liegenden Keller an einer langen Tafel. Die übrigen Kellerräume werden vom Hofbräukeller selbst als Lager genutzt und sind der Öffentlichkeit nicht zugänglich. Im Geschoss zwischen Kochschule und Gaststätte – also dem Raum, der einst zur Isolierung der Bierkeller gegen die Wärme an der Oberfläche mit Kies verfüllt war – wurde 1994 das Tanzcafé „Maratonga" wiederbelebt, das etwa 20 Jahre zuvor im

Olympia Einkaufszentrum eröffnet worden war. „Der Tanztreff für Paare und Singles Ü40 bis …" hat bis heute nichts von seiner Anziehungskraft auf die ewig Junggebliebenen verloren.

Eine besondere Nutzung erfuhren die ehemaligen Lagerkeller des Augustinerkellers an der Arnulfstraße. Von 1953 bis 1964 war hier der Jazz-Club „Hot Club" untergebracht, von Zeitgenossen auch „Tunnel" genannt. Dieser war drei Jahre zuvor nach dem Vorbild französischer Clubs in der Leopoldstraße aufgemacht worden und zog dann in den Augustinerkeller um. Siggi Sommer, der legendäre Münchner Schriftsteller und Kolumnist, hatte über Jahrzehnte seinen Stammtisch im Keller an der Arnulfstraße. Er war der Meinung, dass der „Hot Club" es „mit jedem Pariser Existenzialistenkeller aufnehmen" könne. Wegen der immensen Nachfrage musste damals die Mitgliedschaft für den Club auf 1000 Mitglieder begrenzt werden. Unter anderem trat hier 1959 Benny Goodman auf. Der „Hot Club" gab sich noch mit dem „Charme" der Betonauskleidung aus Luftschutzkeller-Zeiten zufrieden, die allerdings farbig angemalt wurden. Erst nach Ende des musikalischen Intermezzos wurde die Betonschicht wieder entfernt, um die darunter liegenden Ziegel zum Vorschein zu bringen. Diese hatten sich zwischenzeitlich jedoch alle grau verfärbt. Deshalb beauftragte man einen Maler, der in mühsamer Handarbeit alle Ziegel einzeln in unterschiedlichen Rottönen anmalte, um das frühere Aussehen des Lagerkellers wiederherzustellen. Seit dem Jahr 2002 findet parallel zum bekannteren „Salvator"-Anstich am Nockherberg hier der Anstich des Augustiner Starkbiers „Maximator" statt. Als Gäste werden ausschließlich Stammgäste der insgesamt über 100 Stammtische des Augustinerkellers geladen. Als Festredner tritt der frühere Wiesnwirt Richard Süßmeier in Gestalt der legendären Bedienung „Maria" auf.

Der vergessene Schacht

Die sichtbaren Zeugen der ehemaligen Münchner Sommerbierlagerkeller lassen sich heute an einer Hand abzählen. Mit den unsichtbaren Hinterlassenschaften der Keller bekam es hingegen unser Spaziergänger aus dem Vorwort zu tun.

Der heutige Gebäuderiegel an der Inneren Wiener Straße zwischen Hofbräukeller und Nikolaikirche wurde auf dem ehemaligen Hofbräugelände errichtet. Der Neubau wurde dabei gegenüber der früheren Gebäudefront deutlich nach hinten versetzt, um den Gehweg zu verbreitern. Die quer zur Straße liegenden Gebäudeteile aber reichen knapp bis an die ursprüngliche Grundstücksgrenze heran. Für die Baugrube im Bereich der heutigen Hausnummer 7 benutzte man hier die massive, über 1 m mächtige Außenwand der ehemaligen Faberkeller (siehe Kapitel „Der Untergang der Kellerstadt“) anstelle einer Spundwand. Wie im Kapitel „Das Münchner Kellerwesen“ zum Kellerbau ausgeführt wurde, war in diese Mauer wie üblich alle paar Meter ein Schacht für die Belüftung der Lagerkeller eingelassen. Nach Abschluss der Bauarbeiten wurde direkt über der mächtigen Lagerkellermauer der Gehweg angelegt. Der genau vor der Hausnummer 7 gelegene Lüftungsschacht war zwar zuvor überdeckt, aber offenbar nicht verfüllt worden. Die zur Abdeckung verwendete, nicht armierte Betonplatte zerbröselte im Lauf der Jahrzehnte immer mehr. Daher gaben die darauf verlegten Gehwegplatten schließlich unter dem Gewicht des Spaziergängers nach, wobei glücklicherweise ein tieferer Sturz mit schlimmeren Folgen ausblieb.

Die folgende Karte verdeutlicht die heutigen Grenzen der Bebauung in Bezug auf die beiden grau eingezeichneten früheren Faberbräukeller. Markiert ist auch die Ausdehnung der zur Straße gelegenen Kellerwand, die als Befestigung der Baugrube verwendet und belassen wurde. Rechts vor der Hausnummer 7 liegt die Einsturzstelle des Spaziergängers. Wie aus der Abbildung gut zu entnehmen ist, verläuft die Kellermauer unter dem Gehweg weiter bis zur nächsten Hausnummer 9. Es bleibt zu

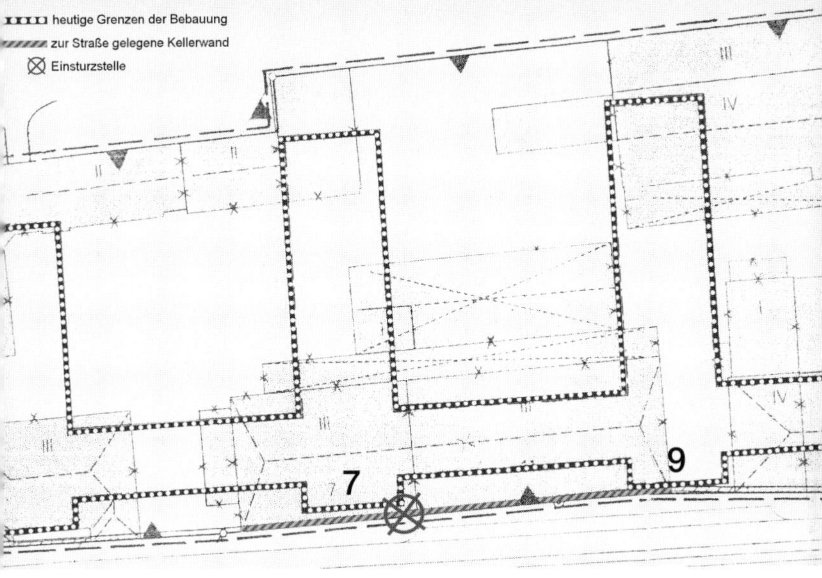

Ehemaliges Hofbräu-Gelände an der Inneren Wiener Straße mit Verlauf der Mauer des Lagerkellers unter dem Neubau (bei Haus Nr. 7: Einsturzstelle des Fußgängers)

hoffen, dass die weiteren in ihr „schlummernden" Schächte nicht auch noch zu derartigen Überraschungen führen.

Die immer noch vorhandenen ehemaligen Bierlagerkeller direkt unter ihren Grundstücken führen auch dazu, dass sich die Anwohner der Inneren Wiener Straße heute Sorgen um die Stabilität ihrer Häuser machen. Denn einer der Pläne für den Bau der zweiten Stammstrecke der S-Bahn in München sieht den Verlauf des Tunnels genau unter ihren Häusern mit den Hausnummern 22–26 vor, wo sich noch die nicht verfüllten aufgelassenen Keller der ehemaliger Brauereien von Kappler-, Eberl- und Thorbräu (s. Kapitel „Recycling der Bierkeller", Anwesen 22–26, S. 128ff.) befinden.

Da werden Erinnerungen an das Truderinger Busunglück vom 20. September 1994 wach: Bei den U-Bahn-Bauarbeiten kam es damals zu einem Wassereinbruch in den Tunnel, weil sich im lockeren Kies der Münchner Schotterebene plötzlich ein Hohlraum gebildet hatte. Die darüber befindliche Fahrbahndrecke brach ein und ein Bus stürzte mit dem Heck voran in die Tiefe. Drei Menschen kamen damals ums Leben, 36 wurden zum Teil schwer verletzt.

Die Schwierigkeiten selbst beim Tiefbau heutzutage im Münchner Untergrund steigern unsere Bewunderung angesichts der grandiosen handwerklichen und baulichen Leistungen bei der Errichtung der Bierlagerkeller vor weit über 200 Jahren. Unser Respekt und unsere Hochachtung gelten den Münchner Brauern, die diese immensen Anstrengungen unternahmen, um den Münchnern allzeit eine Maß kühlen Gerstensaftes kredenzen zu können.

Danksagung

Trotz aller Recherchen in verschiedensten Archiven wäre unser Buch ohne die Unterstützung zahlreicher Personen nicht denkbar gewesen.

Unser Dank gilt Herrn Dr. Stefan Appl, Frau Sigrun Bannert und Frau Maria Anna Bannert sowie Frau Sylvia Heinicke, die uns Einsicht in Bauakten ermöglichten; Herrn Georg Huber für seine wertvollen Hinweise, Informationsmaterialien und Kontakte; Herrn Nikolaus Arndt, öbuv-Sachverständiger, für seine Anmerkungen zum Bau des Gasteig-Kulturzentrums; Herrn Bernd Schmidt für seine detaillierten Schilderungen zu Münchner Baustellen; Herrn Winfried Meier, Herausgeber des Auer Haidhauser Journals, der uns zu den letzten verbliebenen Kellern am Gasteig wertvolle Hinweise lieferte; Frau Anneliese Würbser vom „Hotel Preysing" für ihre weiterführenden Informationen; den Betreibern des „Nektar" und Herrn Heinz Nikolaus von der „Gasteig Naturwaren GmbH" die uns Einblicke in die Tiefe gewährten; Frau Ingeborg Michelfeit und Herrn Dr. Walter Heldmann, Vorsitzende des Vereins der Bürgerinitative Haidhausen, für ihre Hinweise und Kontakte; Herrn Bernd Eisenschmid für seine Erinnerungen an den Tanzclub im Augustiner Keller.

Besonderen Dank schulden wir auch Herrn Fritz Pustet und Herrn Dr. Thomas Götz, die unser Buch in ihre Reihe „Kleine Münchner Geschichten" aufgenommen haben.

München, im März 2016
Astrid Assél & Christian Huber

Literaturverzeichnis

ARZ, MARTIN / SCHALL, ULRICH: *Die Maxvorstadt*, München 2008

ASSÉL, ASTRID / HUBER, CHRISTIAN: München und das Bier, München 2009

BAUER, MARCUS / NEUMANN, PETER / THURO, KUROSCH / SCHOLZ, MARCUS: Die Geologie des Münchner Untergrunds und seine Bedeutung für die Baugrundmodellbildung in städtischen Gebieten, München 2005

BAUER, RICHARD: Zu Gast im Alten München, München 1982

BEHRINGER, WOLFGANG: *Löwenbräu. Von den Anfängen des Münchner Brauwesens bis zur Gegenwart*, München 1991

BEHRINGER, WOLFGANG: *Die Spaten-Brauerei 1397–1997*, München 1997

DEMPP, CARL W.: *Die erste Dampfbierbrauerei in München mit einer gedrängten Zusammenstellung des Wichtigsten über stehende Dampfmaschinen und eine Zugabe, die bautechnische Beschreibung der bayerischen Sommer- oder Lagerbierkeller enthaltend*, München 1843

FRIED, WILHELM: Die Keller der Bierbrauereien, Stuttgart 1900

GÄRTNER, ERNST / ZENTNER, WILHELM: *Maß für Maß*. Aus der Geschichte der Münchner Bierkeller, München 1972

HECKHORN, EVELIN / WIEHR, HARTMUT: München und sein Bier, München 1989

HEERDE, WALTER: *Haidhausen. Geschichte einer Münchner Vorstadt*, Oberbayerisches Archiv, herausgegeben vom Historischen Verein von Oberbayern, Achtunundneunzigster Band, München 1974

HEINTZE, NORBERT: Eiskeller und Eiswerke in Berlin und Brandenburg, Berlin 2013

HUBER, BRIGITTE (HG.): *Tagebuch der Stadt München. Die offiziellen Aufzeichnungen der Stadtchronisten 1818–2000*, Ebenhausen bei München 2004

KRONEGG, FERDINAND: Illustrirte Geschichte der Stadt München. Mit Buchschmuck von Kunstmaler Fritz Quidenius, München 1903

MAHLMANN, F.: Über die Anlage von Bierlagerkellern nach bayerischer Einrichtung. In: Stadtarchiv München, Fritz Sedlmayr Nachlass

MENZEL, KARL AUGUST / SCHUBERT, ALFRED: Der Bau der Eiskeller, Eishäuser, Lagerkeller und Kühlschränke, Neudamm 1903

MEYER, ROLF K. / SCHMIDT-KALER, HERMANN: *Wanderungen in die Erdgeschichte, Band 8*, München 1997

PAUPIE, FRANZ ANDREAS: Die Kunst des Bierbrauens, Prag 1821

SAILER, BENNO: Münchener Bier-Chronik, München 1929

SEDLMAYR, FRITZ: Geschichte der Spatenbrauerei und Brauereigeschichtliche Beiträge 1807–1874, Band I, Nürnberg 1934

SEDLMAYR, FRITZ: Geschichte der Spatenbrauerei und Brauereigeschichtliche Beiträge 1807–1874, Band II, Nürnberg 1951

SCHÄDER, CHRISTIAN: *Münchner Brauindustrie 1871–1945*, Marburg 1999
STAHLEDER, HELMUTH: *Chronik der Stadt München, Band III*, München 1995
TEICH, MIKULÁŠ: *Bier, Wissenschaft und Wirtschaft in Deutschland 1800–1914*, Wien 2000
WILHELM, HERMANN: *Haidhauser Geschichte(n)*, Herausgeber Haidhauser Stadtteilmuseum e.V., München 1979
Wirtshäuser in München um 1900, hrsgg. v. Pasinger Fabrik GmbH, Städtisches Bürger- und Kulturzentrum der Landeshauptstadt München, Geschäftsführer Michael M. Stanic. Bearbeitet von Friederike Kaiser unter Mitarbeit von Katinka Heinemann und Ulrike Steiner, München 1997
ZIERL, LORENZ: *Die bayerische Braunbier-Fabrikation und die Bier-Untersuchung durch das Fuchs'sche Hallymeter mit einem Anhange über die Anwendung des Hallymeters zur Untersuchung von Wein, Most, Bierwürze, Branntweinmaische etc.*, München 1843

Augustiner-Bräu 150 Jahre Augustiner-Keller München, Im Schatten der Kastanien, Augustiner-Bräu Wagner KG, München 2012
Paulaner Jahrbuch zum 375. Jubiläum der Paulaner Brauerei, G'schichten aus dem Paulanergarten, Paulaner Brauerei GmbH & Co. KG, München 2009
Paulaner-Salvator-Thomasbräu 350 Jahre, Jubiläums-Festschrift, München 1984
Pschorr Bräu Festschrift zum 150jährigen Bestehen der Brauerei, Pschorr Bräu AG, München 1970

nordostkultur-muenchen.de
alte-ziegelei-oberfoehring.de
auer-muehlbach.de

Aus dem Archiv der Lokalbaukommission konnten wir mit der freundlichen Genehmigung der Eigentümer zahlreiche Akten zu den betroffenen Grundstücken einsehen.

Bildnachweis

Baugeologisches Büro Bauer GmbH: 33
Bayerische Staatsbibliothek München: 49 (Bavar. 627 fa.)
Emil Köhn, Kunstverlag, München 20: 56
Fried, Wilhelm: Die Keller der Bierbrauereien, München 1900 (Anhang): 44, 45, 64
Hacker-Pschorr Bräu AG: 51
Heerde, Walter: Haidhausen, Verlag des Historischen Vereins von Oberbayern (Abb. 32): 80 (Quelle: Stadtarchiv München)
Lokalbaukommission München: 137
Münichsdorfer, Dr. Franz, Bayerns Boden, Band 1 Südbayern, München 1932: 36
Oktoberfestmuseum München: 47, 69
picture alliance / dpa: 7
Schiermeier, Franz: Stadtatlas München (Stadtkarte München 1908/09): 104
Stadtarchiv München: 25 (Sign. KV-0561), 40 (Sign. Wein-0359), 43 (Sign. LBK 10594), 88 (Sign. 2WK-2455), 99 (Sign. PkStb-02533), 115 (Sign. KV-0904), 131 (Sign. LBK 7621)
Wenng, Carl Gustav: Topographischer Atlas von München 1849–1851: 76 (St.-Anna-Vorstadt Plan Nr. 9, 10, 11), 84 und 86 (Max-Vorstadt Plan Nr. 3, 9 1/2, 10, 11; Ludwigsvorstadt Plan Nr. 4, 4 1/2)

Umschlagmotive: vorne: Augustinerkeller in München (Stephan Rumpf/Süddeutsche Zeitung Photo); hinten: Hackerkeller, Historische Postkarte (Stadtarchiv München, Postkartensammlungen, Bestand Sammlung Karl Valentin, Signatur KV-0559)

Wir haben uns bemüht, alle Copyright-Inhaber ausfindig zu machen. Sollte dies in Einzelfällen nicht gelungen sein, bitten wir, dies zu entschuldigen und um Nachricht an den Verlag.

Bibliografische Information der Deutschen Nationalbibliothek
Die Deutsche Nationalbibliothek verzeichnet diese Publikation in der Deutschen Nationalbibliografie; detaillierte bibliografische Daten sind im Internet über http://dnb.dnb.de abrufbar.

ISBN 978-3-7917-2789-9

Reihen-/Umschlaggestaltung und Layout: Martin Veicht, Regensburg
Satz: Martin Vollnhals, Neustadt a. d. Donau
Druck und Bindung: Friedrich Pustet, Regensburg
Printed in Germany 2016

Diese Publikation ist auch als eBook erhältlich:
eISBN 978-3-7917-6086-5 (epub)

Weitere Publikationen aus unserem Programm
finden Sie auf www.verlag-pustet.de
Kontakt und Bestellungen unter verlag@pustet.de